第4次改訂版

自治会、町内会等法人化の手引

地縁団体研究会 編集

ぎょうせい

目次

1 はじめに

日常生活レベルにおいて住民相互の連絡等の地域的な共同活動を行い、地域社会において重要な役割を担っている自治会・町内会等の「地縁による団体」は、いわゆる「権利能力なき社団」に該当するものと位置付けられ、その保有不動産について、自治会等の名義で不動産登記をすることができませんでした。

このため、平成3年の地方自治法改正により、地縁による団体が、一定の要件を満たす場合に、市町村長の認可を受けて法人格を取得し、不動産登記の登記名義人となることができる制度（認可地縁団体制度）が導入されました。制度の導入後、法人格を取得した自治会等は年々増加し、平成30年4月1日時点における認可地縁団体の総数は約5万1000団体に上っています。

本書は、自治会等の地縁による団体が、法人格を取得するための手続等について、できる限り平易に解説したものです。平成10年に新訂版を発行後、各種法改正に対応する三度の改訂を経て、この度、令和4年度の第12次地方分権一括法による地方自治法の一部改正による書面又は電磁的方法による決議の規定の創設、解散に伴って行う債権者に対する債権の申出の催告に関する公告回数の見直し、認可地縁団体同士の合併の規定の創設が行われたため、リニューアルいたしました。

本書が、これから法人格を取得しようとする自治会等のよき手引になるとともに、既に法人格を取得された自治会等においても、その概要を簡易に理解するためのガイドブックとなることを期待しています。

2 自治会等「地縁による団体」の法人格付与のポイント

(1) 「地縁による団体」とは何か

地方自治法（以下「法」といいます。）第２６０条の2において法人格付与の対象となるのは「地縁による団体」です。

地縁による団体は、「町又は字の区域その他市町村内の一定の区域に住所を有する者の地縁に基づいて形成された団体」（法第２６０条の2第1項）と定義されており、区域に住所を有することのみを構成員の資格としているものです。したがって、自治会、町内会のように区域に住所を有する人は誰でも構成員となれる団体は、原則として「地縁による団体」と考えられます。

これに対し、

① 青年団や婦人会のように、構成員となるためには区域に住所を有することの他に性別や年齢などの条件が必要な団体

② 活動目的がスポーツや芸術など限定的に特定されている団体

は、地縁による団体とは考えられません。＜参照条文…法第２６０条の2第1項＞

⑵　法人格を得るための市町村長の認可

地縁による団体が法人格を得るためには、その団体の区域を包括する市町村の長の認可が必要です。地縁による団体は、この市町村長の認可により法人格を得ることとなり、その他の手続（例えば、法務局への法人登記）は一切必要とされません。市町村長が認可を行った場合にはその旨が告示され、第三者に対しても地縁による団体が法人格を得たことを対抗できることとなります。**〈参照条文…法第260条の2第1項、第10項、第13項〉**

市町村長の認可の目的は、地縁による団体が、法人格を得ることにより、地域的な共同活動を円滑に行うことができるようにすることにあるので、認可申請の際に団体の代表者が提出する規約に記載された団体の目的や活動内容を市町村長が確認することとなります。従来は、「地域的な共同活動のための不動産又は不動産に関する権利を保有」し、団体名義で登記等ができるようにすることが認可の目的でしたが、令和3年度の地方自治法の一部改正により、「地域的な共同活動を円滑に行うこと」が認可の目的となっています。

これまでは認可の目的が不動産等の保有に限定されていたため、不動産等を保有していない団体は、認可地縁団体として法人格を取得できず、例えば、団体名義で契約を締結することを断念したといった事例が報告されていました。令和3年度の地方自治法の一部改正は、不動産等を保有しなくとも、高齢者等への生活支援や地域交通の維持、地域の特産品開発・マーケット運営等の経済活動などを行っている地縁による団体が近年増加していることを踏まえ、そうした団体も認可されることを想定したものとなっています。

認可地縁団体となることで、継続した活動基盤の確立、法人が契約主体となることによる事業活動の充実化、法律上の責任の所在の明確化、個人財産と法人財産との混同防止、対外的な信用の獲得等、数多くの恩恵を受ける可能性があり、地域活動のより一層の活性化が期待されます。

B 地縁による団体が法人格を得るための認可の要件

地縁による団体に対し法人格を付与する目的は、先に述べたように、地域的な共同活動を円滑に行うことができるようにすることにあり、法人格付与のための認可の要件に掲げられた事項は、当該団体が地縁による団体として現に明確な形で存在することを確認するためのものといえます。すなわち、法人格を得るために組織された名前だけの自治会や、区域の中で極めて小人数の者が組織する集まりのように、現に安定的に存在する自治会等地縁による団体とは言い難いものに認可を与え法人格を付与することは、この目的に合致せず、認められないという考え方によっています。

もっとも、現に基盤のしっかりした自治会等にとっては、以下の認可の要件は既に備わっていることが多いものと考えられます。

認可の要件は次の４つであり、その基本的考え方と合わせて述べることとします。

① 地縁による団体の存する区域の住民相互の連絡、環境の整備、集会施設の維持管理等良好な地域社会の維持及び形成に資する地域的な共同活動を行うことを目的とし、現にその活動を行っていると認められること。

＜基本的考え方＞

認可を申請する地縁による団体が、スポーツや芸術などの特定の活動ではなく、広く地域社会の維持及び形成に資する地域的な共同活動を行うことを目的とすることを規約に明記することが必要です。目的の中身として、住民相互の連絡、環境の整備、集会施設の維持管理といった具体的な活動内容も明らかにする必要があります。

なお、「現にその活動を行っていると認められる」ためには、後に述べるように、この点を証する書類を認可申請に際して提出する必要がありますが、一般的には、総会に提出された前年度の活動実績の報告書といったもので十分であると考えられます。

② 地縁による団体の区域が、住民にとって客観的に明らかなものとして定められていること。この区域は、当該地縁による団体が相当の期間にわたって存続している区域の現況によらなければならないこと。

＜基本的考え方＞

地縁による団体の区域は、その団体が安定的に存在しているその現況によることとしています。これは、制度の趣旨が、現に存在する地縁による団体について、当該団体が地域的な共同活動を円滑に行うことができるようにすることにあることから、認可に当たり新たな区域を設定したり、区域が不安定な状態にある地縁による団体に対し認可を行うことは適当でないとの考え方によるものです。

この現況に基づく区域は、法人格を有する地縁による団体の重要な構成要素であることから、団体の構成員のみならず市町村の住民にとって客観的に明らかな形で境界が画されている必要があります。これは、区域が不明確又は流動的であると構成員の範囲が不明確となるほか、住民間のトラブルの原因となり、ひいては当該団体が活動を行うに当たっても支障を来すおそれがあることなど法人格を付与することが適当でないとの考え方によります。

なお、この区域は、後述するように、規約において定められますが、町又は字及び地番又は住居表示により区域を表示するほか、住民にとって客観的に明らかな区域と認識できるものと市町村長が認める場合には、道路や河川等により区域を画することも可能とされています。

③　地縁による団体の区域に住所を有する全ての個人は、構成員となることができるものとし、その相当数の者が現に構成員となっていること。

＜基本的考え方＞

区域に住所を有する全ての個人が構成員となれる旨が規約に定められていること及びその相当数の者が現に構成員となっていることが認可申請に際し提出される構成員名簿により確認されることを求めるものです。

ここでいう「全ての個人」とは、「年齢・性別等を問わず区域に住所を有する個人全て」という意味です。したがって、これに反するような構成員の加入資格等を規約に定めることは認められません。

　また、「相当数」の判断は、各地域における自治会、町内会等への加入状況を勘案して各市町村ごとに個々具体的に行われるものですが、一般的には区域の住民の過半数が構成員となっている場合にはおおむね「相当数」とみなされるのではないかと考えられます。

　他方、都市部等においては、自治会活動に関心が薄い者が多いことも考えられるので、これを一般的な要件とすることは困難と考えられることから、地域の実情に応じて市町村長が判断することとなります。

④　規約を定めていること。この規約には、(i)目的、(ii)名称、(iii)区域、(iv)主たる事務所の所在地、(v)構成員の資格に関する事項、(vi)代表者に関する事項、(vii)会議に関する事項、(viii)資産に関する事項が定められていなければならないこと。

＜基本的考え方＞

　自治会、町内会等の中には規約を定めていない団体もあるかと思いますが、法人格を得る上では規約を定めて団体の名称や目的等を対外的に明らかにし、組織の管理運営方法を明確にしておく必要があります。なお、8つの事項は必ず定める必要がありますが、それ以外の事項を定めることは差し支えないと解されています。

　また、実質的に必要な事項が定められていれば規約の名称には制限はないので、「○○会則」「××会規程」といった名称でよいと解されています。

　認可申請を行った地縁による団体が、この認可要件を満たすか否かの市町村長の審査は、後に述べるように、認可申請に際し地縁による団体が提出する申請書類に基づいて行われることとなります。したがって、認可要件を満たすための細かな留意点については、認可申請書類の解説において述べることとします。

＜参照条文…法第２６０条の２第２項から第４項まで＞

4 地縁による団体の認可申請手続

(1) 自治会、町内会等の地縁による団体が、法人格を得るための認可の申請を行うに当たっては、当該団体の規約に基づき招集された総会において認可を申請する旨の議決を行う必要があります（役員会、評議会等での議決は認められません。）。この認可申請の決定は、あくまで当該団体の自主的判断により行われるものであることは当然です。

認可を申請する旨の議決は、権利能力なき社団である自治会等が法人となる旨の意思の決定でもあると位置付けられることから、従前の権利能力なき社団である自治会等地縁による団体がその規約に則った正式の総会を開催し、議決を行うことが必要と考えられます。したがって、総会招集手続等を定めた規約が現在の自治会等において整備されていない場合には、この点の整備をまず行う必要があります。

また、この総会における決定に際し、認可申請に必要となる重要事項で認可の申請書類に明記すべき事項については、同時に総会で決定しておくことが望まれます。具体的には、認可を受けることとなる地縁による団体に係る規約の決定、構成員の確定、代表者の決定、保有する資産の確定についてはこうした扱いが適当と考えられます。

＜参照条文…法第260条の2第2項、法施行規則第18条＞

加えて、所有する不動産について、法第260条の46に規定する不動産登記の特例に係る公告を申請する予定がある場合には、保有する資産の確定に併せて、公告の申請書類に明記すべき事項等についても、総会で決定しておくことが有効と考えられます。＜法第260条の46第1項、法施行規則第22条の2＞

(2)　認可を求める地縁による団体は、総会における認可を申請する旨の決定を行った上で、代表者が認可の申請書類を揃えて市町村長に対し認可を申請することになります。認可不認可の決定は、提出された認可申請書類を市町村長が審査して行うこととなり、その他聴聞等の手続は予定されていません。したがって、以下に述べるポイントに従って認可申請書類を作成することが重要となります。

〔認可申請書類作成上のポイント〕

①　認可申請書

法施行規則第18条に定める〔様式1〕(15頁)に従って作成する必要があります。主たる事務所の所在地は住居表示による表示、地番及び家屋番号による表示いずれによっても差し支えありません。なお、認可申請書を提出する年月日を、申請年月日として記載することとされています。

②　規約

「5規約例と規約作成上の留意事項」参照。

③　認可を申請することについて総会で議決したことを証する書類

認可を申請する旨を決定した地縁による団体の総会の議事録の写しで、議長及び議事録署名人の署名又は記名押印のあるものでよいと解されます。

④　構成員の名簿

特に様式は定められていませんが、構成員全員の氏名、住所を記載したものである必要があります。構成員とは、先に述べたように、区域に住所を有する個人であれば年齢、性別等を問わないこととされていますので、会員である場合には子供の名前なども記載する必要がある点に注意してください。反対に、会員でない者（子供などが考えられます。）については、区域に住所を有する個人であっても構成員ではないので、名簿への記載は不要です。

なお、住所は住居表示が行われている場合にはこれに従って記載することとなります。

この構成員の名簿によって、現に区域に住所を有する個人のうち相当数が構成員となっているか否かが市町村長により判断されることとなります。

⑤　その区域の住民相互の連絡、環境の整備、集会施設の維持管理等良好な地域社会の維持及び形成に資する地域的な共同活動を現に行っていることを記載した書類

一般的には、前年度の事業活動報告として総会に提出した報告書等でよいと考えられます。ただし、当該報告書の内容として、具体的な活動内容がわかる程度の記載は必要となります。また、先にも述べたように、広く地域的な共同活動の内容を記載することとし、特定活動のみを記載することのないように注意する必要があります。

⑥　申請者が代表者であることを証する書類

申請者を代表者に選出する旨の議決を行った総会の議事録の写しで議長及び議事録署名人の署名又

は記名押印のあるものと、申請者が代表者となることを受諾した旨の承諾書等の写しで申請者本人の署名又は記名押印のあるものが必要です。

4 地縁による団体の認可申請手続

〔様式　1〕

何年何月何日

何市（町）（村）長あて

認可を受けようとする地縁による団体の名称及び主たる事務所の所在地

名　称

所在地

代表者の氏名及び住所

氏　名

住　所

認　可　申　請　書

地方自治法第260条の２第１項の規定により、地域的な共同活動を円滑に行うため認可を受けたいので、別添書類を添えて申請します。

（別添書類）

1　規約

2　認可を申請することについて総会で議決したことを証する書類

3　構成員の名簿

4　良好な地域社会の維持及び形成に資する地域的な共同活動を現に行っていることを記載した書類

5　申請者が代表者であることを証する書類

5 規約例と規約作成上の留意事項

規約の内容は、認可要件の判断の主要な部分を担っており、地縁による団体の組織・活動のあり方を律するものとして重要な位置付けをなすものです。また、法第２６０条の２各項に従った内容とする必要があると同時に、法第２６０条の３から第２６０条の48までの内容にも従ったものとする必要があります。
以下では、必要記載事項を中心として、規約例を示しつつ、留意点を明らかにすることとします。

○○自治会（町内会）規約（会則）

【解説】
先に述べたように、規約の名称についての地方自治法上の制限はありません。

第一章　総則

（目的）

第一条　本会は、次に掲げるような地域的な共同活動を行うことにより、良好な地域社会の維持及び形成に資することを目的とする。
一　回覧板の回付等区域内の住民相互の連絡
二　美化・清掃等区域内の環境の整備
三　集会施設の維持管理
四　○○○○○○○○○○○
五　○○○○○○○○○○○

【解説】
地縁による団体の目的は、スポーツや芸術などの特定活動だけでなく広く地域的な共同活動を行うものである必要があります。ただし、その活動の内容は、団体の権利能力の範囲を明確にする程度に具体的に定めることが求められます。**＜参照条文…法第２６０条の2第2項第1号、第3項第1号＞**

（名称）
第二条　本会は、○○○会と称する。

【解説】

地方自治法上地縁による団体の名称についての制限はありません。したがって、「△△区自治会」「××町町内会」といった名称でよいと解されます。ただし、他の法令において名称の使用制限（例えば、商工会でないものが「商工会」という名称を用いることはできない。）がある場合に、これに従う必要があるのは当然です。**＜参照条文…法第260条の2第3項第2号＞**

（区域）

第三条　本会の区域は、○○市△△町×番□号から××番□□号までの区域とする。

【解説】

地縁による団体の区域は住民にとって客観的に明らかなものとして定められる必要があるので、町又は字及び地番又は住居表示により表示されることが最も望ましいものです。ただし、河川や道路等による区域の表示（例・○○市△△町大字□のうち××川の北の区域）も、市町村内の他の住民にとって当該団体の区域が客観的に一義的なものとして認識できるものであれば認可されるものと考えられます。**＜参照条文…法第260条の2第2項第2号、第3項第3号、第4項＞**

（主たる事務所）

第四条 本会の主たる事務所は、□□県○○市△町×番○号に置く。

【解説】
「主たる事務所」とは、地縁による団体として一を限り設けられた主たる事務所をいうものであり、この所在地が当該地縁による団体の住所となるものです。事務所は、代表者の自宅に置く、あるいは集会施設に置くこととするのが一般的ですが、団体の唯一の事務所として団体内部での連絡や会合等に最も適したところとすることが望まれます。規約の定め方としては、表記のように住居表示又は地番及び家屋番号により定めるほか、「本会の主たる事務所は、代表者の自宅に置く。」という規約の定め方も可能と考えられます。**〈参照条文…法第260の2第3項第4号、第15項〉**

第二章　会員

（会員）
第五条 本会の会員は、第三条に定める区域に住所を有する個人とする。

【解説】
区域に住所を有することのほかに、年齢、性別等の条件を会員の資格として定めることは認められません。なお、法人や団体は構成員とはなれませんが、「本会の活動を賛助する法人及び団体は、賛助会員となることができる。」と定めて、表決権等は有しないものの活動の賛助等の形で団体に参加できることとすることは可能と考えられます。

＜参照条文：法第260条の2第1項、第2項第3号、第3項第5号＞

（会費）

第六条　会員は、総会において別に定める会費を納入しなければならない。

会費は会員にとっても団体にとっても重要事項ですので、規約に金額も含めて定めるか、又は「総会において決するもの」と規約で定める必要があります。ただし、規約の改正は第36条に定める特別議決事項となりますので、表記のように定めて年1回の通常総会で各年度毎に定めることが適当と考えられます。

（入会）

第七条　第三条に定める区域に住所を有する個人で本会に入会しようとする者は、○○に定める入会申込書を会長に提出しなければならない。

2　本会は、前項の入会申込みがあった場合には、正当な理由なくこれを拒んではならない。

【解説】

本条第1項は入会手続を定めるものですが、入会申込書の様式は、役員会（第25条）で定めたり、会の細則（第41条）で定めればよいものです。また、入会申込書は会長に提出することとしていますが、会として確実に受理し得る者に提出することを求めるものであり、会長の他に役員やブロック長などに提出することとしてもよいものと考えられます。いずれにせよ、入会手続は、入会希望者の入会の意思が会として確認できるものとすべきですが、入会に際し、いかなる意味においても制約を課するようなものとすることは認められないと解されます。

本条第2項における「正当な理由」とは、その者の加入によって、当該地縁による団体の目的及び活動が著しく阻害されることが明らかであると認められる場合など、その者の加入を拒否することについて、社会通念上も、また法第２６０条の２第２項第３号の規定の趣旨からも客観的に妥当と認められる場合をいうものですが、実際の運営上は極めて例外的な場合に限られることとなりましょう。**＜参照条文…法第２６０条の２第３項第５号、第７項＞**

（退会等）

第八条　会員が次の各号のいずれかに該当する場合には退会したものとする。

一　第三条に定める区域内に住所を有しなくなった場合

二　本人から○○に定める退会届が会長に提出された場合

２　会員が死亡し、又は失踪宣告を受けたときは、その資格を喪失する。

【解説】

本条第1項第2号の退会手続は、前条第1項に定める入会手続と同様の考え方によるものであり、本人の退会意思を会として確認できるものとする必要がありますが、退会について本人の意思にいかなる意味でも制約を加えることは認められないと解されます。なお、長期にわたる会費の不払いなど会員としての義務の著しい違反等があった場合には一定期間資格を停止する旨の規定を設けることも考えられますが、この場合は、慎重な手続等の下に資格を停止するような扱いとすべきと考えられます。〈参照条文…法第260条の2第3項第5号〉

第三章　役員

（役員の種別）
第九条　本会に、次の役員を置く。
一　会長　一人
二　副会長　○人
三　その他の役員　○人
四　監事　○人

（役員の選任）

第十条　役員は、総会において、会員の中から選任する。
2　監事と会長、副会長及びその他の役員は、相互に兼ねることはできない。

（役員の職務）
第十一条　会長は、本会を代表し、会務を総括する。
2　副会長は、会長を補佐し、会長に事故があるとき又は会長が欠けたときは、会長があらかじめ指名した順序によって、その職務を代行する。
3　監事は、次に掲げる業務を行う。
一　本会の会計及び資産の状況を監査すること。
二　会長、副会長及びその他の役員の業務執行の状況を監査すること。
三　会計及び資産の状況又は業務執行について不整の事実を発見したときは、これを総会に報告すること。
四　前号の報告をするため必要があると認めるときは、総会の招集を請求すること。

【解説】

地縁による団体については、法第260条の5で「認可地縁団体には、一人の代表者を置かなければならない」とされており、法第260条の11及び第260条の12で監事についても規定されています。したがって、代表者（会長）一人を必ず選出する必要があり、また、一人又は複数人の監事を置くことが適当です。

このように認可地縁団体の代表権は代表者（会長）一人に帰属するものと法律上定められていますので、監事の他に役員を置かず、会長を欠くこととなった場合には直ちに総会で会長を選任する旨を規約に定めることも考えられます。しかしながら、表記のように、会長が不慮の事故等により職務を行い得なくなった場合などに備えて副会長を置くことが望ましいといえます（ただし、副会長による会長の職務代行は法律行為には及び得ないことから、直ちに後任の会長を選出すべきです。）。

その他の役員は、会長及び副会長とともに役員会を構成しますが、その他の役員の中から、「会計」や「書記」等の担当役員を置くことも考えられます。その場合には、「会計担当役員は、本会の出納事務を処理し、会計事務に関する帳簿及び書類を管理する」、「書記担当役員は、会務を記録する」等その他の役員についての職務を明らかにしておくのが適当と考えられます。

このほか、会長の代表権に制限を加えたりする（法第２６０条の６から第２６０条の８参照）場合にも規約に定める必要があります。

なお、役員の選任は総会において行うことが適当であり、監事については会長、副会長及びその他の役員と兼職することは、会務の執行を監査する役職上避ける必要があります。

＜参照条文…法第２６０条の２第3項第6号、第２６０条の5から第２６０条の8まで、第２６０条の11、第２６０条の12＞

（役員の任期等）
第十二条　役員の任期は、○年とする。ただし、再任を妨げない。
2　補欠により選任された役員の任期は、前任者の残任期間とする。
3　役員は、辞任又は任期満了の後においても、後任者が就任するまでは、その職務を行わなければならない。
4　役員が次の事項に該当するに至ったときは、総会の議決を経て解任することができる。
一　職務の遂行に堪えない状況にあると認められるとき。
二　職務上の義務違反その他の役員としてふさわしくない行為があったとき。

【解説】

役員の任期は、法律上特に規定はありませんが、数か月といった短いものでは事務執行の一貫性確保の上で問題があり、他方、あまりに長期にわたるものも種々の弊害を生ずるといえます。また、事務執行上支障が生じないよう本条第3項の定めを置くことが望まれます。

なお、役員の解任手続を定めようとする場合には、選任について総会議決によることが望まれることから、この場合も、本条第4項のように個別に総会議決を要するものと定めるか、規約において具体的手続を定めることが適当です。

第四章　総会

（総会の種別）

第十三条　本会の総会は、通常総会及び臨時総会の二種とする。

（総会の構成）

第十四条　総会は、会員をもって構成する。

（総会の権能）

第十五条　総会は、この規約に定めるもののほか、本会の運営に関する重要な事項を議決する。

【解説】

総会は、地縁による団体の運営事項のうち規約において役員会に委任したもの以外の全ての事項について議決でき（法第２６０条の16参照）、規約の改正など法律上総会の専権事項とされているものについては規約をもってしても他に委任することはできないものです。

なお、総会で議決すべき重要事項に、事業計画の決定、事業報告の承認、予算の決定及び決算の承認、認可地縁団体の活動上重要な資産の処分等が含まれることは当然といえます。**＜参照条文…法第２６０条の2第3項第7号、第２６０条の13、第２６０条の16＞**

（総会の開催）
第十六条　通常総会は、毎年度決算終了後○か月以内に開催する。
2　臨時総会は、次の各号のいずれかに該当する場合に開催する。
一　会長が必要と認めたとき。
二　総会員の五分の一以上から会議の目的たる事項を示して請求があったとき。
三　第十一条第三項第四号の規定により監事から開催の請求があったとき。
3　総会において決議をすべき場合において、会員全員の承諾があるときは、書面又は電磁的方法による決議をすることができる。
4　前項の場合において、その決議は総会の決議と同一の効力を有する。

【解説】

総会は、法第260条の13により、少なくとも毎年1回開催する必要があります。また、法第260条の4により、年度終了後3か月以内に財産目録を作成する必要があることから、事業報告及び決算を作成し、その承認を行うために、通常総会を年度終了後3か月以内に開催する必要があることに留意する必要があります（第33条及び第34条参照。なお、通常総会開催が年度終了後の1回のみとなり、事業計画及び予算の決定を通常総会で行う場合には、年度当初から総会開催日まで予算がなく支出行為ができないこととなりますが、この点については、第33条第2項のように規定することにより支出行為は可能となります。）。

本条第2項は、法第２６０条の14に則る規定であり、第2号の「5分の1」の定数を規約において増減することは法的には可能ですが、会員の総会招集を求める権利を奪うこととならないよう留意する必要があります。

本条第3項は、法第２６０条の19の2第1項に則る規定であり、総会を開催することなく書面又は電磁的方法による決議を行うことについて会員全員の承諾があれば、総会の開催の省略を認めるものです。なお、法第２６０条の19の2第3項及び第4項では、書面又は電磁的方法による決議を行うにあたっては、総会に関する規定を準用し、その決議は総会の決議と同一の効力を有することを定めています。**＜参照条文…法第２６０条の２第３項第７号、第２６０条の４、第２６０条の13、第２６０条の14、第２６０条の19の２第１項、第３項、第４項＞**

（総会の招集）

第十七条　総会は、会長が招集する。

2　会長は、前条第二項第二号及び第三号の規定による請求があったときは、その請求のあった日から○日以内に臨時総会を招集しなければならない。

3　総会を招集するときは、会議の目的たる事項及びその内容並びに日時及び場所を示して、開会の日の○日前までに文書をもって通知しなければならない。

【解説】

総会の開催権限は会長が有するものですが、第16条第2項第2号及び第3号に定める会員からの開催請求及び監事による開催請求に対しては総会を招集する必要があります。したがって、第2項に定めるように、請求のあった日から適切な期間内に招集する必要がある旨を規定することが適当です。第3項は、法第260条の15に則る規定であり、「少なくとも五日前までに」通知を行う必要があります。

＜参照条文…法第260条の2第3項第7号、第260条の15、第260条の17＞

（総会の議長）

第十八条　総会の議長は、その総会において、出席した会員の中から選出する。

（総会の定足数）

第十九条　総会は、総会員の二分の一以上の出席がなければ、開会することができない。

（総会の議決）

第二十条　総会の議事は、この規約に定めるもののほか、出席した会員の過半数をもって決し、可否同数のときは、議長の決するところによる。

2　総会において決議すべきものとされた事項について会員全員の書面又は電磁的方法による合意があったときは、書面又は電磁的方法による決議があったものとみなす。
3　前項の場合において、その決議は総会の決議と同一の効力を有する。

（会員の表決権）

第二十一条　会員は、総会において、各々一箇の表決権を有する。
2　次の事項については、前項の規定にかかわらず、会員の表決権は、会員の所属する世帯の会員数分の一とする。
一　〇〇〇〇〇〇
二　××××××

（総会の書面表決等）

第二十二条　やむを得ない理由のため総会に出席できない会員は、あらかじめ通知された事項について書面又は電磁的方法をもって表決し、又は他の会員を代理人として表決を委任することができる。
2　前項の場合における第十九条及び第二十条の規定の適用については、その会員は出席したものとみなす。

【解説】

総会の議長は、表決権を行使することとなる以上、表記のように出席した会員の中から選出する必要がありますが、会長は会員の中から選任されていることにより「総会の議長は、会長がこれに当たる」と定めることも可能です。

総会の定足数、議決に要する会員数については、地方自治法において特に定められていませんが、表記のように規定することが適切と考えられます。もっとも、第20条第1項に定めるように、規約で、特定の重要な事項について「出席会員の三分の二（四分の三）以上の賛成を要する」旨の規定を置くことも可能です。なお、この定足数、議決に要する会員数については、第22条第2項により、書面又は電磁的方法による表決を行った会員及び委任により代理表決を行った会員をこれに含める点に留意する必要があります。この場合における電磁的方法による表決とは、例えば電子メールなどによる送信、Ｗｅｂサイト、アプリケーションを利用した表決、情報をディスク等に記録して、当該ディスク等を交付する方法等が該当し得ます。これにより、会員数が極めて多い場合にも総会を開催し議決を行うことが可能となるものです。このことから、書面又は電磁的方法による表決や委任による代理表決を行う会員が相当数見込まれる状況においては、実際に集まらずとも、出席者が一堂に会するのと同等に、相互に議論できる環境であれば、Ｗｅｂ会議、テレビ会議、電話会議などにより総会を開催することも可能と解されます（令和2年3月19日総務省自治行政局市町村課事務連絡。１２４頁）。なお、この場合であってもＷｅｂ会議等ではなく、直接集まって意見を述べたい会員がいる場合、総会の場所を確保し、その機会を設けることは必要となります。

第20条第2項は、法第２６０条の19の2第2項に則る規定です。なお、書面又は電磁的方法による決議においては、その議決事項について会員全員の合意が必要であり、賛否が分かれた場合には、書面又は電磁的方法による決議はできず、ひいては総会の開催の省略も認められていません。

第21条及び第22条は、法第260条の18に則る規定です。したがって、第21条第1項において会員は各々一箇の表決権を有することが定められているところですが、従来の自治会、町内会等においては世帯単位で表決権を平等とする運営が行われてきたものと思われます。そうしたことを勘案して、第21条第2項の規定（特定事項について世帯の表決権を一票とすること）を設けることは可能ですが、同項各号に定める事項は、世帯単位で活動し意思決定を行っていることが沿革的にも実態的にも地域社会において是認され、そのことが合理的であると認められる事項に限られるものです。したがって、規約の変更、財産処分及び解散の議決のような重要事項については認められないと解され、規約に定めることとなる事項（代表者の代表権の制限及び委任、監事や役員会の設置等）についての決定も規約の変更となるため同項の適用は認められないと解されます。また、代表者や監事の選任も、同項を適用することは適当とは考えられません。

なお、同項を適用する場合においても、世帯内の会員の表決権を剝奪することは認められません。したがって、世帯で表決権を取りまとめるためには、誰か一人に表決権を委任することにより表決権を集中することとなります。ただし、未成年者の場合には、民法の定めるところにより、表決権の行使が行われることとなります。

このほか、議長の行為などの総会の運営は会の活動を決定する重要事項ですので、会において会議規程等を定め、議事運営の方法などを明らかにしておくことが望まれます。**＜参照条文…法第２６０条の2第3項第7号、第２６０条の18、第２６０条の19の2第2項、第3項＞**

（総会の議事録）
第二十三条　総会の議事については、次の事項を記載した議事録を作成しなければならない。
一　日時及び場所
二　会員の現在数及び出席者数（書面表決者及び表決委任者を含む。）
三　開催目的、審議事項及び議決事項
四　議事の経過の概要及びその結果
五　議事録署名人の選任に関する事項
2　議事録には、議長及びその会議において選任された議事録署名人二人以上が署名又は記名押印をしなければならない。

【解説】

総会が有効に成立し、かつ有効に議決されたことを証明することが、規約変更認可を市町村に申請する場合などに求められることから、表記のとおり、議事録を作成する必要があることを規約に定めておくべきです。

第五章　役員会

（役員会の構成）

第二十四条　役員会は、監事を除く役員をもって構成する。

（役員会の権能）

第二十五条　役員会は、この規約で別に定めるもののほか、次の事項を議決する。

一　総会に付議すべき事項

二　総会の議決した事項の執行に関する事項

三　その他総会の議決を要しない会務の執行に関する事項

（役員会の招集等）

第二十六条　役員会は、会長が必要と認めるとき招集する。

2　会長は、役員の○分の一以上から会議の目的たる事項を記載した書面をもって招集の請求があったときは、その請求のあった日から○日以内に役員会を招集しなければならない。

3　役員会を招集するときは、会議の日時、場所、目的及び審議事項を記載した書面をもって、少なくとも○日前までに通知しなければならない。

（役員会の議長）

第二十七条　役員会の議長は、会長がこれに当たる。

（役員会の定足数等）
第二十八条　役員会には、第十九条、第二十条、第二十二条及び第二十三条の規定を準用する。この場合において、これらの規定中「総会」とあるのは「役員会」と、「会員」とあるのは「役員」と読み替えるものとする。

【解説】

地縁による団体の最高意思決定機関は総会ですが、総会を度々招集することは実際には極めて困難であることから、役員会において実務上の執行に関する事項等を決定することが会の運営上適当と考えられます。

なお、役員会のメンバーは、監事を除く役員とするのが適当です。もっとも、監事は役員会の構成員にはなれません（表決権等を有しません）が、役員会に出席し、会務の適切な執行のため意見を述べるべきと考えられます。なお、役員の数等については、役員会が地縁による団体の実務上の意思決定機関にふさわしいメンバーとなるように配慮すべきと考えられます。

第六章　資産及び会計

（資産の構成）

第二十九条　本会の資産は、次の各号に掲げるものをもって構成する。
一　別に定める財産目録記載の資産
二　会費
三　活動に伴う収入
四　資産から生ずる果実
五　その他の収入
（資産の管理）
第三十条　本会の資産は、会長が管理し、その方法は役員会の議決によりこれを定める。
（資産の処分）
第三十一条　本会の資産で第二十九条第一号に掲げるもののうち別に総会において定めるものを処分し、又は担保に供する場合には、総会において○分の△以上の議決を要する。
（経費の支弁）
第三十二条　本会の経費は、資産をもって支弁する。

【解説】
先に述べたように地縁による団体が法人格を取得する目的は地域的な共同活動を円滑に行うことができるようにすることにありますが、法人格の取得により、団体名義で資産の登記・登録をすることが可能となります。資産については法第260条の2第3項第8号に基づき、規約において資産に関する事項を定める必要があり、資産に関する事項としては、流動資産・固定資産を問わず全ての資産（負債は含みません）の構成等を定めておくことが適切です。「資産の構成」として、保有する具体的な動産、不動産及び金融資産を全て掲げることも可能ですが、表記のように「別に定める財産目録記載の資産」と定める方が簡便と考えられます。なお、「財産目録」は、法第260条の4に基づき設立時及び毎年（年度）初3か月以内に作成することとなっているものであり、その様式例は38頁のとおりです。

資産を管理し経費を支弁することは、役員会の定める方法により会長が行うこととすることが適当と考えられますが、会の活動上重要な資産の処分には総会の議決を要することとする必要があります。このため、第31条のように定め、総会において別途処分に関し総会の議決を要する資産を決定しておくことが適当です。

この場合、当該処分には剰余金の分配と認められる資産の処分を含めることはできませんので留意する必要があります。

また、資産の管理は会長が行うものですが、日常の出納事務は、先に述べたように、役員として「会計」を設けた時は、「会計」が出納その他の会計事務を行うこととなります。このほか、役員ではありませんが、「会長は、必要と認めるときは会員のうちから会計出納員を命ずることができる」と定め、「会計出納員は、会長の命を受けて出納その他の会計事務を執行する」と規定することも可能でしょう。＜参照条文…法第260条の2第3項第8号、第260条の4＞

〔財産目録〕

何年何月何日

区　　　分	所在数量等	金額（評価額）	備　考
（資 産 の 部） Ⅰ流動資産 　1現金預金 　　(1)現　　金 　　　　現金手許有高 　　(2)当座預金 　　　　○○銀行△△支店 　　(3)普通預金 　　　　○○銀行××支店 　2未収会費 　　　○○年度会費　×名 Ⅱ固定資産 　1土　地 　2建　物 　3構築物 　4車輌運搬具 　5什器備品、応接セット 　6電話加入権 　7有価証券 　　　○分利国債			
資　産　合　計		A	
（負 債 の 部） Ⅰ流動負債 　預り金 Ⅱ固定負債 　長期借入金 　　　○○銀行○○支店			
負　債　合　計		B	
差 引 正 味 財 産　（A－B）			

（注）　1　法人設立時に、確実に法人に帰属する財産をもって作成すること。
　　　　2　備考の欄には、使用目的、寄附者その他を記入すること。

（事業計画及び予算）

第三十三条　本会の事業計画及び予算は、会長が作成し、毎会計年度開始前に、総会の議決を経て定めなければならない。これを変更する場合も、同様とする。

2　前項の規定にかかわらず、年度開始後に予算が総会において議決されていない場合には、会長は、総会において予算が議決される日までの間は、前年度の予算を基準として収入支出をすることができる。

（事業報告及び決算）

第三十四条　本会の事業報告及び決算は、会長が事業報告書、収支計算書、財産目録等として作成し、監事の監査を受け、毎会計年度終了後三か月以内に総会の承認を受けなければならない。

【解説】

事業計画・事業報告及び予算・決算は地縁による団体にとって重要事項ですから、総会の議決又は承認にかからしめることが必要です。財産目録は、法第260条の4により認可を受ける時及び毎年1月から3月までの間（特に事業年度を設けるものは、認可を受ける時及び毎事業年度の終了の時）に作成しなければならないこととされています。したがって、事業年度を設定している場合は、事業報告や決算も当該年度終了後3か月以内に総会で承認を得る必要があります。

ただし、事業計画及び予算の議決を年度開始前に行い、事業報告及び決算の承認を年度終了後に行うためには通常総会を年2回行うことが必要となりますが、通常総会は、年度終了後3か月以内に（多くは5月か6月に）1回行うのが通例と考えられ、第16条第1項もそのように定めています。

したがって、年度開始前に総会を開催し事業計画及び予算の議決を行わない限り、年度開始当初から通常総会において予算が議決される日までの間は、予算がないことになりますので、第33条第2項のように定めておくことが実務上適当と考えられます。

（会計年度）

第三十五条　本会の会計年度は、毎年○月○日に始まり、△月△日に終わる。

【解説】

会計年度の定め方は特に制限はありません。一般的には、4月1日から翌年3月31日までとか、1月1日からその年の12月31日までとする例が多いと思われます。

第七章　規約の変更及び解散

（規約の変更）

第三十六条　この規約は、総会において総会員の四分の三以上の議決を得、かつ、△△市（町）（村）

長の認可を受けなければ変更することはできない。

【解説】

本条は、法第260条の3に則るものであり、規約の変更は総会の専権事項となっています。また、後に述べるように、法施行規則第22条に定める「規約変更認可申請書」〔様式2〕（42頁）により市町村長の認可を要するものです。

なお、総会議決数の「四分の三」の定数を変更することは可能ですが、規約変更という重要事項を少数の会員の意思により決することのないよう、これを引き下げることには慎重であるべきです。

<参照条文…法第260条の3、法施行規則第22条>

（解散）

第三十七条　本会は、地方自治法第二百六十条の二十の規定により解散する。

2　総会の議決に基づいて解散する場合は、総会員の四分の三以上の承諾を得なければならない。

【解説】

本条は、法第260条の20及び第260条の21に則るものであり、①破産、②認可の取消し、③総会員の4分の3以上の同意による総会の決議、④構成員の欠亡の場合に、当該認可地縁団体は解散（法人とし

〔様式　2〕

何年何月何日

何市（町）（村）長あて

地縁による団体の名称及び主たる
事務所の所在地
　名　称
　所在地
代表者の氏名及び住所
　氏　名
　住　所

規　約　変　更　認　可　申　請　書

地方自治法第260条の３第２項の規約の変更の認可を受けたいので、別添書類を添えて申請します。

（別添書類）
1　規約変更の内容及び理由を記載した書類
2　規約変更を総会で議決したことを証する書類

ての権利能力の消滅又は地縁による団体自体の解散の両方を含む。）することとなります。なお、表記の他の解散事由を規約に定めることも可能です。

また、第2項の総会の議決を他の役員会等の議決をもって代えることはできません。総会議決数の「四分の三」については定数を変更することは可能ですが、少数会員の意思によって解散することを可能とする規定は適当でないことに留意する必要があります。

＜参照条文…法第２６０条の20、第２６０条の21＞

（合併）

第三十八条　本会は、総会において総会員の四分の三以上の議決を得、かつ、△△市（町）（村）長の認可を受けなければ合併することはできない。

【解説】

令和４年の改正によって、法第２６０条の38において、同一市町村内の認可地縁団体同士に限って、その合併が認められました。本条は法第２６０条の39に則る規定です。総会議決数の「四分の三」については定数を変更することは可能ですが、解散の決議と同様、少数会員の意思によって合併することを可能とする規定は適当でないことに留意する必要があります。

また、合併後の認可地縁団体が認可地縁団体の設立要件（法第２６０条の2第2項）に適合するか否かを改めて確認する必要があるため、市町村長の認可を受けなければ合併の効力は生じないこととされてい

ます。＜参照条文…法第２６０条の２第２項、第２６０条の38、第２６０条の39＞

（残余財産の処分）
第三十九条　本会の解散のときに有する残余財産は、総会において総会員の○分の△以上の議決を得て、本会と類似の目的を有する団体に寄付するものとする。

【解説】

本条は、法第２６０条の31に則る規定です。法第２６０条の31第１項に基づき、解散した認可地縁団体の財産は、規約で指定することが可能ですが、営利法人等を帰属権利者とすることは、地縁による団体の目的に鑑み適当ではありません。

したがって、地方公共団体や当該法人以外の認可地縁団体又は類似の目的をもつ他の公益を目的とする事業を行う法人に帰属させることが適当であると考えられます。

仮に、法人化の当初から解散時の残余財産の具体的処分先を決めることが困難な場合には、表記のように、規約において帰属権利者を指定する方法を定めることが適当と考えられます。

なお、残余財産の帰属権利者を決定する総会の議決は、解散の決議と同様に地縁による団体にとって重要な決定であることから、解散決議と同様に総会員の「四分の三」以上の議決を経ることが望ましいと考えられます。＜参照条文…法第２６０条の31＞

第八章　雑則

（備付け帳簿及び書類）

第四十条　本会の主たる事務所には、規約、会員名簿、認可及び登記等に関する書類、総会及び役員会の議事録、収支に関する帳簿、財産目録等資産の状況を示す書類その他必要な帳簿及び書類を備えておかなければならない。

（委任）

第四十一条　この規約の施行に関し必要な事項は、総会の議決を経て、○○が別に定める。

附　則

1　この規約は、○年○月○日から施行する。

2　本会の設立初年度の事業計画及び予算は、第三十三条の規定にかかわらず、設立総会の定めるところによる。

3　本会の設立初年度の会計年度は、第三十五条の規定にかかわらず、設立認可のあった日から△年△月△日までとする。

【解説】

第41条において、規約施行上の細則を定める者は、会長でも役員会等でもよいのですが、必ず委任することについて総会の議決を経る必要があります（個別事項の委任ごとに議決を経る必要はありません。）。

なお、細則としては、「弔慰金規程」や「旅費規程」などが挙げられます。

附則第1項は、認可年月日から施行とする場合が多いと考えられます。したがって、設立初年度は事業年度及び会計年度が変則となることから、附則第2項、第3項を定めることが適当です。

6 認可後の地縁による団体

(1) 地縁による団体の代表者が、これまで述べてきた申請書類により市町村長に認可の申請を行い、市町村長が当該団体が認可の要件に該当していると認めるときは、当該団体に対し、市町村長の認可が行われ、その認可をもって当該団体は権利能力を有し、法人格を得ることとなります。

認可地縁団体は、その目的の範囲内で、権利能力を有します。**〈参照条文…法第260条の2第1項、第5項〉**

なお、認可地縁団体が法人格を得たことを市町村長は認可後遅滞なく告示することとなっており、この告示をもって認可を受けた地縁による団体は、法人となったこと及び告示事項を第三者に対し対抗できることとなります。また、市町村長の告示事項について変更があったときは、代表者が届出書（「様式3」、50頁）に告示された事項に変更があった旨を証する書類を添えて、市町村長に対し届出を行わなくてはなりません。

認可地縁団体の告示事項は次のとおりであり、この事項に変更があった場合には、届出に基づき告示事項に変更があった旨の告示が行われない限り、その変更について第三者に対抗できないものです。

〈告示事項〉…名称、規約に定める目的、区域、主たる事務所、代表者の氏名及び住所、裁判所による代表者の職務執行の停止の有無並びに職務代行者の選任の有無（職務代行者が選任されている場合は、その氏名及び住所）、代理人の有無（代理人がある場合には、その氏名及び住所）、規約に解散の事由を定めたときはその事由、認可年月日等
また、解散した場合（破産した場合を除く）及び清算結了の場合にも所要の事項を告示することとなっています。**＜参照条文…法第２６０条の２第10項、第11項、第13項、法施行規則第19条、第20条＞**

(2) 認可地縁団体は、権利能力を得ることにより、法人としてそれ以前とは異なった法的な位置付け及び取扱いがなされることとなりますが、主なものは以下のとおりです。

① 団体名義で資産の登記・登録ができます。団体名義で不動産登記を行うべく法務局で手続を行えば、他の法人と同様に、登記が可能となります。これまで団体が保有しながら個人名義となっていた不動産の所有権移転登記の原因は「委任の終了」となります。
また、登記申請書に登記権利者（登記を受ける側）が添付する書類としては、団体の住所証明書及び代表者の資格証明書が必要となりますが、これは認可を行った市町村が作成する地縁団体台帳（様式４、51頁）の写しによる証明書とすることとされています。この台帳の写しの証明書は、請求者の氏名及び住所、請求に係る団体の名称及び事務所の所在地を記載した証明書交付請求書（市町村窓口において様式は準備されています）を市町村長に提出して交付を受けることになっています。

なお、この証明書の交付を受ける際には、市町村に所要の手数料を納める必要があります。**＜参照条文…法第２６０条の２第12項、法施行規則第21条＞**

② 規約を変更する場合には、先に述べた規約変更認可申請書（様式2、42頁）に、規約変更の内容及び理由を記載した書類、規約変更を総会で決議したことを証する書類を添えて、市町村長に認可を申請し、認可を受ける必要があります。＜参照条文…法第260条の3、法施行規則第22条＞

③ 認可を受けた地縁による団体は、法人として破産、解散及び清算については裁判所の監督の下に所要の手続を進めることとなり、破産宣告の請求を怠った時などに非訟事件手続法に基づき裁判所により過料に処せられることとなります。＜参照条文…法第260条の22から第260条の30まで、第260条の32、第260条の33、第260条の48＞

(3) 地縁による団体は、認可を受け法人格を取得したことにより(2)に述べた点等において法的な位置付け及び取扱いは変わりますが、住民の自発的な意思に基づく任意団体としての団体自身の性格等は全く変わるものではありません。したがって、認可を受けた地縁による団体は公法人でないことはもちろん、市町村との関係などは基本的に変わるものではありません。地縁による団体の課税関係については、55・56頁の表を参照ください。＜参照条文…法第260条の2第6項、第16項、第17項、地方税法第24条第5項、第52条第2項第3号、第72条の5第1項第9号、第294条第7項、第312条第3項第3号、第701条の34第2項＞

(4) 市町村長は、認可地縁団体が法第260条の2第2項各号に掲げられた4つの認可要件のいずれかを欠くこととなったとき又は不正な手段により認可を受けたときは、その認可を取り消すことができることとされています。＜参照条文…法第260条の2第14項＞

〔様式　3〕

何年何月何日

何市（町）（村）長あて

地縁による団体の名称及び主たる
事務所の所在地
　名　称
　所在地
代表者の氏名及び住所
　氏　名
　住　所

告示事項変更届出書

下記事項について変更があったので、地方自治法第260条の２第11項の規定により、告示された事項に変更があった旨を証する書類を添えて届け出ます。

記

1　変更があった事項及びその内容

2　変更の年月日

3　変更の理由

6 認可後の地縁による団体

〔様式　4〕

地　縁　団　体　台　帳　（何　市　（町）（村）　）

枚数		
枚数	名　称	
		年 月 日認可 年 月 日告示
		年 月 日認可 年 月 日告示
	主たる事務所	
		年 月 日 年 月 日告示
		年 月 日 年 月 日告示
		年 月 日 年 月 日告示

代表者に関する事項		
代表者に関する事項	年　月　日	年　月　日
	原　　因	原　　因
	告 示 年 月 日	告 示 年 月 日
	年 月 日 年 月 日告示	年 月 日 年 月 日告示
	年 月 日 年 月 日告示	年 月 日 年 月 日告示
	年 月 日 年 月 日告示	年 月 日 年 月 日告示

代表者に関する事項		
代表者に関する事項	年　月　日	年　月　日
	原　　因	原　　因
	告示年月日	告示年月日
	年 月 日 年 月 日告示	年 月 日 年 月 日告示
	年 月 日 年 月 日告示	年 月 日 年 月 日告示
	年 月 日 年 月 日告示	年 月 日 年 月 日告示
	年 月 日 年 月 日告示	年 月 日 年 月 日告示
	年 月 日 年 月 日告示	年 月 日 年 月 日告示
	年 月 日 年 月 日告示	年 月 日 年 月 日告示
認可年月日		年　月　日
台帳を起こした年月日		年　月　日

名称等欄　　丁

名称	
規約に定める目的	

目的欄　　丁

名称

区　　域

区域欄　　　　丁

名称

その他の事項

その他欄　　　丁

7 認可地縁団体の税制上の取扱い

認可地縁団体の税制上の取扱いについては、制度の創設時に、権利能力取得の前後で同一とするための措置が講じられました。この結果、現在権利能力なき社団である自治会等が保有する不動産等を、認可を受けた地縁による団体の所有名義とする際（無償譲渡による）には、譲渡所得について課税がされないこととされました。

平成20年12月に施行された公益法人改革において、公益日的事業に「地域社会の健全な発展を目的とする事業」が掲げられたことから、地域社会に着目して事業を行う法人についても公益性が認められることとなりました。すなわち、認可地縁団体は、その区域において良好な地域社会の維持及び形成に資する地域的な共同活動を行うことを目的として設立される法人であり、まさに、税制上公益性を有する法人としての取扱いがされたと考えられます（公益法人改革後の課税関係55・56頁）。

これにより、平成21年度の税制改正において、公益を目的とする事業を行う法人であることが明確化された認可地縁団体は、みなし譲渡所得の非課税承認申請の対象法人とする措置が講じられました。具体的には、以下の案件を満たした上で、税務署に対して非課税承認申請を行うこととなります。

○　規約に定める資産に関する事項に、当該法人が解散した場合にその残余財産が地方公共団体、当該法人以外の認可地縁団体、公益社団法人又は公益財団法人に帰属する旨の定めがあること。

○　規約に定める資産に関する事項に、剰余金の分配を行わない旨の定めがあること。

7 認可地縁団体の税制上の取扱い

認可地縁団体等の主要税目の課税関係（国税）

税　目	法人でない社団又は財団で代表者又は管理人の定めがあるもの	**認可地縁団体**	公益財団法人 公益社団法人	一般財団法人 一般社団法人 （非営利型法人）	一般財団法人 一般社団法人 （非営利型法人以外）
法　人　税	収益事業にのみ課税	公益法人等とみなされ、収益事業にのみ課税	収益事業にのみ課税 （認定法上の公益目的事業は収益事業から除外し、非課税）	非営利型法人（非営利性が徹底された法人又は共益的活動を目的とする法人）は収益事業にのみ課税	普通法人と同様に全ての所得に課税
（みなし寄附金）		みなし寄附金なし	みなし寄附金あり （収益事業に属する資産のうちから、自らが行う公益目的事業に支出した金額は、その収益事業に係る寄附金とみなす。）	みなし寄附金なし	みなし寄附金なし
寄附金税制	税制上の優遇措置なし （普通法人と同じ）	税制上の優遇措置なし （普通法人と同じ）	特定公益増進法人に該当	非営利型法人のうち非営利性が徹底された法人に対して財産を寄附した場合には特例措置あり	税制上の優遇措置なし （普通法人と同じ）
消　費　税	人格のない社団等として一部特例あり	別表第三に掲げる法人とみなす	別表第三に掲げる法人	別表第三に掲げる法人	別表第三に掲げる法人

認可地縁団体等の主要税目の課税関係（地方税）

税　目	法人でない社団又は財団で代表者又は管理人の定めがあるもの	認可地縁団体	公益財団法人 公益社団法人	一般財団法人 一般社団法人 （非営利型法人）	一般財団法人 一般社団法人 （非営利型法人以外）
法人県民税	法人税割： 収益事業により生じた所得のみ課税（法人税額を課税標準） 均等割： 収益事業を行う場合に限り、最低税率で課税 収益事業を行わない場合は非課税	法人税割： 収益事業により生じた所得のみ課税（法人税額を課税標準） 均等割： 最低税率（※１）	法人税割： 収益事業により生じた所得のみ課税（法人税額を課税標準） 均等割： 最低税率	法人税割： 収益事業により生じた所得のみ課税（法人税額を課税標準） 均等割： 最低税率	法人税割： 普通法人と同様の扱い 均等割： 最低税率
法人市民税	同上	法人税割： 同上 均等割： 最低税率（※２）	同上	同上	同上
法人事業税	収益事業により生じた所得のみ課税	収益事業により生じた所得のみ課税	収益事業により生じた所得のみ課税	収益事業により生じた所得のみ課税	普通法人と同様の扱い
事業所税	収益事業に係る事業所床面積及び従業者給与総額のみ課税	収益事業に係る事業所床面積及び従業者給与総額のみ課税	収益事業に係る事業所床面積及び従業者給与総額のみ課税	収益事業に係る事業所床面積及び従業者給与総額のみ課税	普通法人と同様の扱い

※１　収益事業を行わない場合は条例等により全額免除となっている。（令和３年３月時点）

※２　収益事業を行わない場合は地域の実情に応じて条例等により全額・一部免除となっている場合がある。（令和３年３月時点）

8 認可地縁団体が所有する不動産に係る登記の特例

平成3年に行われた認可地縁団体制度の創設により、市町村長の認可を受けた地縁による団体は、不動産登記の登記名義人となることができるようになりましたが、認可地縁団体が所有する不動産については、登記簿の登記名義人が多数で相続登記がされていないなど登記義務者が判明しない場合があり、所有権の移転の登記などについて不動産登記法に則った手続（権利に関する登記の申請：登記権利者と登記義務者の共同申請（不動産登記法第60条）など）をとることが難しく、認可地縁団体への所有権の移転の登記に支障を来していることが明らかとなりました。

この問題を解決するため、地方自治法に認可地縁団体が所有する不動産に係る不動産登記法の特例規定を設け、一定の要件を満たした認可地縁団体が所有する不動産については、市町村長が一定の手続を経て証明書を発行することで、認可地縁団体が単独で登記の申請を行うことができるようになりました。

(1) 認可地縁団体が登記の特例の適用を受けるための要件

この特例を創設した趣旨は、先に述べたように、認可地縁団体が所有する不動産の所有権の保存又は移転の登記について、不動産登記法に則った手続をとることが困難なものに特例を設け、登記の申請を可能とすることにあります。

なお、不動産登記は対抗要件としての公示制度と位置付けられるものであり、当該不動産の所有権の有無を確定させるものではないことに留意が必要です。

認可地縁団体がその所有する不動産についてこの特例の適用を受けるには、当該認可地縁団体の区域を包括する市町村の長に対し、法第２６０条の46第２項に規定する公告を求める旨を申請しなければなりません。＜参照条文…法第２６０条の46第１項＞

認可地縁団体は、次の４つの要件を全て満たした場合に限り、この公告の申請を行うことができるとされており、これらの要件を満たしていることを疎明するに足りる資料を申請書に添付することとなります。

① 不動産を所有していること。

＜基本的な考え方＞

この特例は、地縁による団体の名義で登記ができなかったことにより、便宜上認可地縁団体の構成員又はかつて構成員であった者が登記名義人となっている不動産を対象としており、申請時点において認可地縁団体が所有していることが要件とされています。

なお、認可地縁団体が所有していない不動産については、この特例に基づき所有権の保存又は移転の登記を行うことはできません。

仮に、認可地縁団体が他者の所有する不動産を時効取得したことにより、所有権の登記を移転したい場合においては、その不動産の所有権の登記名義人を相手方として、所有権の確認の訴えを提起し、認可地縁団体が当該不動産の所有権を有していることを確定させる必要があると考えられます。なお、この裁判で勝訴判決を得れば、不動産登記法第63条第1項の規定に基づき、単独で所有権の移転の登記を申請することが可能になります。

② 不動産を10年以上所有の意思をもって平穏かつ公然と占有していること。

＜基本的な考え方＞

認可地縁団体は、10年以上所有の意思をもって平穏かつ公然と占有している不動産に限ってこの特例の適用が認められます。これは、民法第１６２条第2項の規定により取得時効が成立する場合であれば、実質的に他者の利益を害さないとの考え方によるものです。

また、占有とは民法第１６２条に規定する占有と同義であり、自らが所有する集会所を第三者に賃貸している場合であってもその占有権を失うものではなく、また所有している森林について、その維持・管理を行い、山菜等の収穫を行っている場合等には、占有していると考えられます。

なお、地縁による団体は、市町村長の認可を受けて認可地縁団体となりますが、市町村長の認可により団体の同一性が失われるものではないと解されています。そのため、認可を受ける前の地縁による団体であった期間を含めて、この要件を満たしているかを検討することも可能と考えられます。

③　不動産の表題部所有者又は所有権の登記名義人の全てが認可地縁団体の構成員又はかつて認可地縁団体の構成員であった者であること。

＜基本的な考え方＞

この特例を受けられる不動産は、認可地縁団体となる前の地縁による団体が法人格を有していなかったことにより、不動産の登記において便宜上構成員を登記名義人とせざるを得なかったものを対象として想定しており、その所有権はあくまでも認可地縁団体が有しています。そのため、認可地縁団体の構成員ではない第三者が登記名義人となっている不動産や、認可地縁団体の構成員が個人的に所有している不動産については対象とはなりません。

また、ここでいう「構成員」には、市町村長の認可を受ける前の地縁による団体の構成員も含まれると解されています。

④　不動産の登記関係者（表題部所有者、所有権の登記名義人、これらの相続人）の全部又は一部の所在が知れないこと。

＜基本的な考え方＞

この特例は、不動産登記法が、財産権をいたずらに侵害しないため、登記義務者と登記権利者の共同申請を原則としている一方で、認可地縁団体が所有する不動産については、先に述べたとおり、登記義務者を探し出すことが困難で、登記の移転が進まないという問題が起こっていることを受けて創設されたものです。

全部又は一部の所在が知れないこととは、全部の所在が知れていること以外は全て含まれることとなると解されており、登記関係者のうち少なくとも一人について所在が知れない場合には、この要件を満たすこととなりますが、所在が判明している登記関係者がいる場合には、この特例により認可地縁団体が不動産の登記名義人となることについて事前に同意を得ておくことが望ましいと考えられています。

なお、認可地縁団体が、所有する不動産の登記名義人等を探し出すことができた場合には、不動産登記法の原則どおり共同申請を行うこととなります。

(2) 不動産登記の特例の適用を受けるための公告申請手続

認可地縁団体がこの特例の適用を受けるに当たっては、認可地縁団体の区域を包括する市町村長が、認可地縁団体がその所有する不動産についての所有権の保存又は移転の登記をすることについて異議のある者に対し、異議を述べるべき旨を公告することが必要となります。

この公告を求める認可地縁団体は、代表者が公告の申請書類を揃えて、市町村長に対し申請します。この申請は、認可地縁団体がその所有している不動産の所有権の保存又は移転の登記を行うためのものであり、団体の活動上重要な事項であると考えられるため、その都度総会の議決を得ることが必要となります（26頁参照）。また、この申請を認めるかどうかは、認可地縁団体から提出された公告申請書類を市町村長が審査して行うこととなり、その他聴聞等の手続は予定されていません。そのため、以下に述べるポイントを踏まえて公告申請書類を作成することが重要となります。＜参照条文…法第260条の46第1項、法施行規則第22条の2の5＞

〔公告申請書類作成上のポイント〕

① 公告申請書

法施行規則第22条の2の5に定める〔様式5〕（63頁）に従って作成します。記載事項のうち、「認可地縁団体の名称及び主たる事務所の所在地」「代表者の氏名及び住所」については市町村に備えられている地縁団体台帳と、「申請不動産に関する事項」は次の記載要領（64頁）を参考に公告申請書に添付する登記事項証明書（後述②）と同じ内容を記載することが適当です。

なお、これらの記載事項は、市町村長が行う公告や後述する「証する情報」に記載されることになるため、誤りのないようにしなければなりません。

そのほか、公告申請書を提出する年月日を申請年月日として記載することとされています。

② 申請不動産の登記事項証明書

この公告は、認可地縁団体が所有する不動産の登記手続に係るものであることから、公告申請書に記載された「申請不動産に関する事項」が当該不動産の登記記録と齟齬がないようにする必要があります。そのため、認可地縁団体は、公告を申請する不動産に係る登記事項証明書を提出することとされており、申請書類の提出に当たって公告申請書に正しい情報が記載されていることを確認することが重要です。

〔様式　5〕

何年何月何日

何市（町）（村）長あて

認可地縁団体の名称及び主たる
事務所の所在地
　名　称
　所在地
代表者の氏名及び住所
　氏　名
　住　所

所有不動産の登記移転等に係る公告申請書

地方自治法第260条の46第１項の規定により、当認可地縁団体が所有する下記不動産について所有権の保存又は移転の登記をするため公告をしてほしいので、別添書類を添えて申請します。

記

○　申請不動産（所有権の保存又は移転の登記をしようとする不動産）に関する事項

・建物

名　　称	延床面積	所　在　地

・土地

地　　目	面　　積	所　在　地

・表題部所有者又は所有権の登記名義人の氏名又は名称及び住所
　氏名又は名称
　住　　　所

（別添書類）
1　申請不動産の登記事項証明書
2　申請不動産に関し、地方自治法第260条の46第１項に規定する申請をすることについて総会で議決したことを証する書類
3　申請者が代表者であることを証する書類
4　地方自治法第260条の46第１項各号に掲げる事項を疎明するに足りる資料

〔所有不動産の登記移転等に係る公告申請書に記載する「申請不動産に関する事項」の記載要領〕

○　申請不動産に関する事項

・建物

名　　称	延床面積	所　　在　　地
北都町内会集会所	100㎡	所在：特別区北都町六丁目７番 家屋番号：７番

・土地

地　　目	面　　積	所　　在　　地
宅地	123.45㎡	特別区北都町六丁目７番

・表題部所有者又は所有権の登記名義人の氏名又は名称及び住所

①　北都町内会集会所
特別区北都町六丁目３番３号　総務　太郎

②　宅地
特別区北都町六丁目３番４号　総務　二郎

【建物について】

○名称…○○町内会集会所、△区公民館等の名称が付されている場合はこれによること。そうでない場合は、「集会所」「事務所」「居宅」等の区分によること（参照：不動産登記規則（平成17年法務省令第18号）第113条第１項及び不動産登記事務取扱手続準則（平成17年２月25日付け法務省民二第456号法務省民事局長通達）第80条第１項）

○延床面積…不動産登記規則第115条に基づき各階ごとに算出された床面積を合計したものとすること。

（注）不動産登記規則第115条「建物の床面積は、各階ごとに壁その他の区画の中心線（区分建物にあっては、壁その他の区画の内側線）で囲まれた部分の水平投影面積により、平方メートルを単位として定め、一平方メートルの百分の一未満の端数は、切り捨てるものとする。」

○所在地…市区町村内の地番（不動産登記法第44条第１項第１号）及び家屋番号（同項第２号）まで記載すること。

【土地について】

○地目…不動産登記規則第99条に定める区分により定めるものとすること。

（注）不動産登記規則第99条「地目は、土地の主な用途により、田、畑、宅地、学校用地、鉄道用地、塩田、鉱泉地、池沼、山林、牧場、原野、墓地、境内地、運河用地、水道用地、用悪水路、ため池、堤、井溝、保安林、公衆用道路、公園及び雑種地に区分して定めるものとする。」

○面積…不動産登記規則第100条に定める「地積」と同一とすること。

（注）不動産登記規則第100条「地積は、水平投影面積により、平方メートルを単位として定め、一平方メートルの百分の一（宅地及び鉱泉地以外の土地で十平方メートルを超えるものについては、一平方メートル）未満の端数は、切り捨てる。」

○所在地…市区町村内の地番（不動産登記法第34条第１項第２号）まで記載すること。

③　申請不動産に関し、法第260条の46第1項に規定する申請をすることについて総会で議決したことを証する書類

公告申請書に記載されている不動産について、公告申請のための総会の議決を経ているか確認することが必要です。なお、令和3年度の地方自治法の改正前の規定により認可を受けた団体については、同改正前に地方自治法施行規則に定められていた保有資産目録又は保有予定資産目録に申請不動産の記載があるときは、この書類に代えて、当該目録を用いることができることとされています（参考130頁）。

④　申請者が代表者であることを証する書類

一般的には、地縁による団体が認可の申請を行った際に提出したものと同様の書類を提出することとなりますが、認可申請時から代表者の変更がある場合には、法第260条の2第11項の規定により告示事項の変更を届け出た際に提出した書類を提出することとなります。

⑤　法第260条の46第1項各号に掲げる事項を疎明するに足りる資料

認可地縁団体は、次の4つの事項を疎明するに足りる資料を公告申請書に添付することが必要です。これらの資料については、「地方自治法の一部を改正する法律等の施行における留意事項（認可地縁団体関係）について（通知）」（平成27年2月27日付け総行住第19号総務省自治行政局住民制度課長通知。120頁）により、その具体例が示されており、これらを参考に、認可地縁団体が自ら用意することが必要となります。

ア　認可地縁団体が不動産を所有及び10年以上所有の意思をもって平穏かつ公然と占有していること。

認可地縁団体が不動産を所有している事実に加えて、公告の申請時点とその10年以上前の時点で不動産を占有している事実を疎明するに足りる資料が必要であるとされています。

具体的には、認可地縁団体が不動産の所有又は占有している事実が記載された認可地縁団体の事業報告書等に加えて、公共料金の支払領収書、閉鎖登記簿の登記事項証明書又は謄本、旧土地台帳の写し、固定資産税の納税証明書、固定資産課税台帳の記載事項証明書等により疎明することが可能と考えられます。

なお、これらの資料の宛先又は名義が認可地縁団体の構成員又はかつて当該認可地縁団体の構成員であった者となっている場合には、その趣旨が認可地縁団体を宛先又は名義とすることができなかったために、便宜上、上記のような宛先又は名義となっていることについて、認可地縁団体に対し確認する必要があると解されています。

また、これらの資料の入手が困難な場合には、資料の入手が困難であった理由を記載した書面を提出することを前提に、不動産の隣地の所有権の登記名義人や不動産の所在地に係る地域の実情に精通した者等（以下「精通者等」という。）の証言を記載した書面や、不動産の占有を証する写真等により疎明することも可能と考えられます。

イ　不動産の表題部所有者又は所有権の登記名義人の全てが認可地縁団体の構成員又はかつて当該認可地縁団体の構成員であった者であること。

このことを疎明するに足りる資料の例としては、認可地縁団体の構成員名簿、市町村が保有する地縁団体台帳のほか、不動産が墓地の場合には墓地の使用者名簿によることなども可能と考えられます。

また、これらの資料の入手が困難な場合は、資料の入手が困難であった理由を記載した書面を提出することを前提に、不動産の所在地に係る精通者等の証言を記載した書面等により疎明することも可能と考えられます。

ウ　不動産の登記関係者（表題部所有者、所有権の登記名義人、これらの相続人）の全部又は一部の所在が知れないこと。

申請不動産の登記関係者（表題部所有者若しくは所有権の登記名義人又はこれらの相続人をいう。以下同じ。）の全部又は一部の所在が知れないことを疎明するに足りる資料として、以下の3つの資料が考えられます。

・登記記録上の住所の属する市町村の長が、当該市町村に登記関係者の「住民票」及び「住民票の除票」が存在しないことを証明した書面

・登記記録上の住所に宛てた登記関係者宛の配達証明付き郵便が不到達であった旨を証明する書面

・申請不動産の所在地に係る精通者等が、登記関係者の現在の所在を知らない旨の証言を記載した書面

なお、前述したとおり、登記関係者の全部又は一部の所在が知れないこととは、全部の所在が知

れていること以外は全て含まれると解されていることから、認可地縁団体は、登記関係者のうち少なくとも一人についてこれらの資料等を添付できればよいとされています。

ただし、所在が判明している登記関係者において、認可地縁団体がこの特例により不動産登記を申請することに対し異議のある場合が考えられることから、公告期間中に異議が述べられ、手続が中止されることのないよう、事前に同意を得ておくことが望ましいと考えられます。

(3) 公告申請後の手続

① 公告＜参照条文：法第260条の46第2項、法施行規則第22条の3＞

認可地縁団体の代表者が、これまで述べてきた申請書類により市町村長に公告の申請を行い、市町村長において、不動産が登記の特例の適用を受けるための要件（(1)を参照）を満たしていると判断した場合には、市町村長により、申請を行った認可地縁団体がその所有する不動産の所有権の保存又は移転の登記をすることについて異議のある者は、当該市町村長に対し異議を述べるべき旨の公告がなされます。

この場合において、異議を述べることができるのは、当該不動産の所有権に関わりのある登記関係者等に限られており、当該不動産の表題部所有者若しくは所有権の登記名義人又はこれらの相続人のほか、当該不動産の所有権を有することを疎明する者も可能となっています。

なお、「申請不動産の所有権を有することを疎明する者」は、原則として、登記関係者以外の者を

8 認可地縁団体が所有する不動産に係る登記の特例

〔公告例〕

次の認可地縁団体が所有する不動産に係る登記の特例について、地方自治法第260条の46第２項の規定により公告します。

当該認可地縁団体が所有する次の不動産について、その所有権の保存又は移転の登記をすることについて異議のある登記関係者等は、この公告期間内にお申し出ください。

なお、異議を述べることができる登記関係者等は、次の不動産の表題部所有者若しくは所有権の登記名義人若しくはこれらの相続人又は不動産の所有権を有することを疎明する者です。

① 申請を行った認可地縁団体の名称、区域及び主たる事務所
名称：○○○○
区域：○○○○
主たる事務所の所在地：○○○○

② 不動産に関する事項
建物の名称：○○、延床面積：○㎡、所在地：○○○○
土地の地目：○○、面積：○㎡、所在地：○○○○
表題部所有者又は所有権の登記名義人の氏名又は名称及び住所

③ 公告期間　○年○月○日から○年○月○日まで

④ 異議を述べる方法
○○市(町)(村) 長に対し、地方自治法施行規則（昭和22年内務省令第29号）第22条の３第３項に規定する申出書の様式に必要事項を記載し、登記関係者等であること及び申出書に記載された氏名及び住所を確認できる書類を添えて提出してください。

指すと解されています。

市町村長による公告においては、異議を述べることができる者が、自らがその公告に係る不動産の登記関係者等であり、異議を述べることができる者であることを知るための基本的な情報を明らかにする必要があることから、法施行規則第22条の3第1項において、公告する事項が定められています。

また、登記関係者等が異議を述べることができるのは公告の期間内とされており、公告の対象となった不動産の登記について異議のある者は、各市町村において決められた三月以上の公告の期間内に、法施行規則第22条の3第3項に規定する申出書に、不動産の登記事項証明書、住民票の写しその他の市町村長が必要と認める書類を添えて、公告を行った市町村長に提出することとなります。

なお、「不動産の登記事項証明書、住民票の写しその他の市町村長が必要と認める書類」とは、異議を述べる者が登記関係者等であること及び申出書に記載された氏名及び住所を確認できる書類であると解されており、次の資料が考えられます。

登記関係者等の別	登記関係者等である旨	申請書に記載された氏名及び住所
表題部所有者又は所有権の登記名義人	登記事項証明書	住民票の写し 戸籍の附票の写し
表題部所有者又は所有権の登記名義人の相続人	登記事項証明書 戸籍謄抄本	
所有権を有することを疎明する者	所有権を有することを疎明するに足りる資料	

② 異議を述べる者が現れなかった場合の手続

市町村長が公告をした結果、登記関係者等が異議を述べなかった場合には、認可地縁団体が不動産の所有権の保存又は移転の登記をすることについて登記関係者の承諾があったものとみなされ（法第260条の46第3項）、認可地縁団体は、市町村長から、公告をしたこと及び登記関係者が公告の期間内に異議を述べなかったことを証する情報（以下「証する情報」という。）の提供を受けることとなります（法第260条の46第4項）。

証する情報の提供を受けた認可地縁団体は、申請情報（不動産登記法第18条に規定する申請情報をいう。）と併せて登記所に提供すると、証する情報に記載された不動産について、所有権の保存の登記を申請することができる（法第260条の47第1項）こととされるとともに、単独で所有権の移転の登記を申請することができる（法第260条の47第2項）こととされました。

これにより、認可地縁団体を所有権の登記名義人とする登記が可能となりますが、これまで団体が保有しながら個人名義となっていた不動産の所有権移転登記の原因は「委任の終了」、その日付は法第260条の2第1項の規定による市町村長の認可の日とされています。認可地縁団体はその登記原因を証する情報を登記所に提出することが必要（不動産登記令第7条第1項第5号ロ）となりますが、これは認可を行った市町村が作成する地縁団体台帳の写しとすることとされています。

③ 異議を述べる者が現れた場合の手続

市町村長が公告をした結果、登記関係者等が異議を述べた場合には、市町村長から認可地縁団体に対し、異議を述べた登記関係者等の氏名や住所、異議を述べた理由等が通知され（法第２６０条の46第5項、法施行規則第22条の5）、公告による手続は中止されることとなります。

ただし、この通知には、その後の当事者間での協議等を円滑にするため、異議を述べた登記関係者等の氏名や住所等が記載されることとなっており（法第２６０条の46第5項、法施行規則第22条の5）、通知を受け取った認可地縁団体は、当該者との協議等を行うことが可能です。

なお、市町村長は、登記関係者等から異議申出書の提出を受けるに当たっては、登記関係者等の氏名や住所等が認可地縁団体に通知されることについて、事前に説明を行うことが適当と考えられます。

9 質疑応答

問1 自治会等が地縁による団体として認可されると、市町村の指揮監督下に置かれることになるのですか。

答 地方自治法第260条の2の趣旨は、市町村長が認可を行うことにより自治会等が権利義務の主体となることであり、この際の市町村の関与は自治会等が権利義務の主体となるための必要な要件を充足しているかどうかを確認するにとどまるものです。
したがって、認可後であっても、従来からの自治会等と同様住民が自主的に組織して活動するものであり、市町村の行政権限を分担したり、市町村の下部組織とみなされるようなことはありません。

問2 自治会の区域に飛地があったとしても、認可の対象となりますか。

答 地縁による団体の区域は、「住民にとって客観的に明らかなものとして定められていること」が要件として定められています。この場合、当該地縁による団体の構成員のみならず当該市町村のその他の住民にとって容易にその区域が認識できる区域であることを要することとされており、例えば、河川、道路等により区域が画されていることが明確であればよいとされています。
したがって、区域の隣接性は必ずしも必要ではなく、飛地があったとしても、地域としてのまとまりが歴史的な実態としてあるのであれば認可の対象となり得ます。

問3 一の地縁による団体が所在する地域に、更に連合会という上部組織の地縁による団体が設立されている場合、この連合会も認可の対象となりますか。

答 自治会等の活動によっては、お尋ねのような二層構造となっている状態もあると思われます。地方自治法上は、1地域1団体とすることは要請されておらず、あくまで地縁による団体の現況により判断することとされております。
したがって、連合会という名称を用いている団体であっても、地方自治法に定められた一定の要件を満たしていれば認可の対象となりますが、例えば連合会がいくつかの地縁による団体そのものを構成員とするようなものであれば、地方自治法では自然人たる住民を構成員としていることから、認可の対象とはならないものです。

問4　地区内に1つのまとまりがなく、2つの自治会等があるような場合、それぞれを地縁による団体として認可されることはありますか。また、既に認可地縁団体が存在する地区内の生産森林組合が組織変更して2つ目の認可地縁団体になることは可能でしょうか。

答　自治会等は、町又は字の区域等に住所を有する者により構成され、良好な地域社会の維持及び形成に資する活動を行っていることから、各地域に1つ存在するのが通常であると考えられます。

しかし、一定の地域に自治会等が混在していて区域が区分されていない場合、あるいは地域が1つにまとまっていないケース等については、区域としてまとまり、目的に添った活動がなされているかどうかなど、地域の実情を見ながら判断されることとなります。

また森林組合法上も地方自治法上も、認可地縁団体を1地域1団体とすることは要請されておらず、組織変更の要件を満たすのであれば、生産森林組合が森林組合法に基づいて同一地区内で2つ目の認可地縁団体となることも可能と考えます。

問5　不動産等を保有していなくても、地縁による団体として認可の対象となりますか。

答　地方自治法第260条の2第1項に規定されている認可の目的は、「地域的な共同活動を円滑に行うことができるようにするため」となっており、不動産などを保有する目的がない地縁による団体であっても認可の対象となります。

問6 自治会機能を併せ持つマンション管理組合は、地縁による団体として認可の対象となりますか。

答 マンションの管理組合等の団体は、構成員が区分所有者という特定の属性を必要とするものであることから、マンションの管理組合が当該マンションの敷地を区域として良好な地域社会の維持形成に資する共同活動を行っていたとしても直ちに認可の対象となることはありません。

問7 良好な地域社会の維持及び形成に資する活動とは、具体的にはどのような活動なのでしょうか。

答 その区域における集会施設の維持・管理、清掃等の環境整備活動、寝たきり老人への慰問等の社会福祉活動、スポーツ大会、レクリエーション活動等が考えられます。また、近年では、高齢者への生活支援や地域交通の維持等、幅広い活動を行う団体もあります。

問8 個人単位でなく、世帯単位を構成員としている地縁による団体は認可の対象となりませんか。また、個人を構成員としていても、表決権を世帯単位で1票とすることはできませんか。

答 認可地縁団体の構成員は、個人としてとらえることとなっており、世帯でとらえることはできませんので、会員は各々1個の表決権を有することとなります。

なお、世帯単位で活動し意思決定を行っていることが沿革的にも地域社会においても是認され、そのことが合理的であると認められる事項に限り、構成員の表決権を世帯単位で平等なものとして「所属する世帯の構成員数分の1票」とする旨を規約に定めることは可能であると解されます。

問9 未成年者を構成員から除外することは可能でしょうか。

答 地縁による団体の構成員は、区域に住所を有する自然人たる個人であり、区域に住所を有すること以外には年齢、性別、国籍等の条件は付せないこととされています。したがって、未成年者等制限行為能力者であることをもって構成員から除外することはできません。

なお、未成年者等制限行為能力者の表決権の行使に当たっては、民法の規定に従って法定代理人の同意を要する場合もあります。

問10　構成員の名簿には、世帯主だけでなく、世帯員であれば、生まれたばかりの子供も記載する必要があるのでしょうか。

答　地方自治法施行規則第18条第1項第3号では、申請書に「構成員の名簿」などの書類を添えて申請を行うこととされています。ここで構成員とは、自然人たる住民個人であり、性別、年齢等を問わないものであり、構成員は世帯でとらえるのではなく、構成員であれば、世帯主のみならず、世帯員も名簿に記載する必要があります。

なお、地縁による団体の区域に住所を有する全ての個人は、構成員となることができますが、全ての住民が構成員でなければ認可されないということではなく、その相当数の者が構成員となっていれば認可されるものです。したがって、生まれたばかりの子供についても、住民なので全て名簿に記載しなければならないというものではありません。入会しようとする者のみ名簿に記載すればよいものです。

問11　外国人であっても地縁による団体の構成員になり得ますか。

答　地縁による団体の構成員は、自然人たる住民であり、外国人であっても、住民であれば地縁による団体の構成員として含まれます。

問12　構成員には個人のみを認め、法人は含まれないとされていますが、なぜ法人は含まれないのですか。

答　法人が地縁による団体の構成員となり得るかどうかについては、①団体の意思決定のための表決権を行使するためには、それぞれの意思を表明する必要がありますが、法人等の一組織に過ぎない事業所等は本来意思表明ができないこと、②地域社会における近隣関係の中心は、やはり活動の主体である人と人のつながりにあるものであり、法人は地域社会にとっては第二次的な参加者に過ぎないと考えられることから、構成員とはなり得ないとされています。

なお、法人等については、団体の意思決定への参加や直接の活動は行わないものの、団体に対し様々な支援を行う関係から「賛助会員」として位置付け、その活動に参加することは可能であると考えられます。

問13　現に構成員となっている者の「相当数」とはどれくらいをいうのですか。

答　地方自治法第260条の2第2項第3号では、「その相当数の者が現に構成員となっていること。」としていますが、これは、制度の目的が、現に安定的に存続する地縁による団体が地域的な共同活動を円滑に行うことができるようにすることであることから、その団体の画する一定の地域に居住するごく少数の者だけがその構成員になっているような団体や、新たに区域の少数の者だけで結成した団体では、区域において安定的に存在しているとは考え難く、当該制度の目的が満たされないおそれがあるからであり、その観点から「相当数」の者がその団体の構成員となっている必要性を認め、認可要件としたものです。

この「相当数」の程度についての判断については、各々の地域では、自治会等への加入率等も様々であるなど、全国一律の基準を定めることは適当でなく、また、仮に一定の構成員の数の下限を設けるとすれば、強制加入に近い状態を法が想定することになり、適当ではありません。

したがって、各地域における自治会、町内会等への加入状況を勘案して各市区町村ごとに個々具体的に判断すべきものと考えられます。例えば当該区域の住民の過半数が構成員となっている場合には、おおむねこの要件を満たすものとすることも考えられますが、都市部等においては、自治会活動に関心が薄い者が多いことも考えられるので、これを一般的な要件とすることは困難と考えます。

問14

地縁による団体の規約において、代表者及びその他の役員で構成する役員会を設け、一定事項の決定を役員会で処理することは可能でしょうか。

答 地方自治法第260条の16により、地縁団体の事務は規約をもって代表者その他の役員に委任したものを除くほか、全て総会の議決によって行わなければなりません。つまり、総会は当該団体についての最高意思決定機関であり、役員会等の機関によって代替することはできず、本来あらゆる決定は総会で決定されるべきものであります。

しかし、保有財産の処分等当該団体の本質的部分を左右する事項を除き、構成員の利害にさほど影響のない事項までをも総会で決めることは非効率的であるため、総会での同意を前提に、一定の事項を役員に委任することは可能です。なお、この場合にはその旨を規約に明記しておくことが必要です。

問15 認可を受けようとする地縁団体の保有財産の一部に神社の祠がありますが、このような宗教的色彩の強い財産を保有していても認可の対象となりますか。

答 地縁による団体は、いわゆる公共団体ではなく、「町又は字の区域その他市町村内の一定の区域に住所を有する者の地縁に基づいて形成された団体」ですので、宗教的活動の禁止や宗教上の組織等に対する支出の制限を定めた憲法上の規定（第20条第3項、第89条）との関係が生じることはありません。また、地方自治法において特段の規定も設けられていないことから、お尋ねの神社の祠等の宗教的色彩のある資産を保有していたとしても当該地縁による団体が認可の対象となることは可能と考えます。

問16 地縁による団体を特定の政党のために利用することは禁止されていますが、これは会員個人の政治支援活動までも禁止されることとなるのですか。

答　地方自治法第260条の2第9項では、認可地縁団体を特定の政党のために利用することは禁止されていますが、構成員個々人が特定政党や政治家を支援することまでも制限するものではありません。

問17　認可を受けた地縁による団体が、その区域を構成する住民の意見の対立により2つの団体に分裂した場合、認可は取り消されることとなるのでしょうか。

答　認可地縁団体が分裂し、地方自治法第260条の2第2項の要件を欠くこととなった場合は、市町村長は同条第14項の規定に基づいて認可を取り消すこととなります。

問18　認可地縁団体が、認可を取り消されるのは具体的にどのような場合ですか。

答　市町村長は、認可地縁団体が地方自治法第260条の2第2項に掲げる要件のいずれかを欠くこととなったとき、又は不正な手段により認可を受けたときは、その認可を取り消すことができることとされています（同条第14項）。

具体的に例示すると、次のような場合が考えられます。

① 認可地縁団体が、その目的を営利目的、政治目的等に変更したとき。
② 認可地縁団体が、相当の期間にわたって活動していないとき。

③　区域内の一部の住民について、正当な理由なく加入を認めないこととしたとき。
④　構成員が多数脱退し、「相当数の者」が構成員となっているとは認められなくなったとき。
⑤　地縁による団体の代表者、構成員又は第三者が、詐欺、威迫等不正な手段により認可を受けたとき。

問19　地方自治法第260条の2の地縁による団体の認可申請に係る処分に不服がある場合、救済方法はないのでしょうか。

答　市町村長の認可申請の審査事務は、市町村長が当該地縁による団体が法律要件に適合しているか否かを公に証明するという性格の事務であり、認可に当たり市町村長の裁量によってそれを行う余地はありませんが、市町村長が事実認識において地縁による団体と異なる見解をもち、結果として不認可処分となることが考えられます。

この不認可処分は、行政不服審査法に定める「処分」に該当するものであり、当該地縁による団体は、同法第2条に基づいて市町村長に対し審査請求をすることができます。

また、市町村長の認可申請に係る不作為に対しても、同法第3条により審査請求できるなど、それぞれの状況に応じた救済方法があります。

問20　認可を受けた地縁による団体が破産したときの手続はどのように行うのでしょうか。

答　地縁による団体が、その債務を完済することが不可能になったとき、すなわち消極財産（負債）が積極財産（資産）を上回ったときは、裁判所は代表者若しくは債権者の請求により、又は職権をもって破産の宣告をなし、当該団体は直ちに解散することとなります（地方自治法第260条の20、第260条の22）。

この場合において、代表者は、地方自治法第260条の22第2項により直ちに破産宣告の請求をすることが義務付けられています。

なお、破産手続は破産法に基づいて行われ、解散した地縁による団体は、破産の目的の範囲内でなお存続するものとみなされます。

問21　構成員が、死亡、転出等により退会する際に、地縁による団体の保有する資産について持分の返還を主張することはできますか。

答　不動産等の地縁による団体の保有する資産の処分を、総会で議決することは可能ですが、地縁による団体の保有する資産については構成員の「総有」とみなされ、各人の持分を観念しないものであることから、持分の返還を主張することはできないものと解されています。

問22 地方自治法第260条の46第1項第3号の「かつて当該認可地縁団体の構成員であった者」の適用範囲はどのようになりますか。

答 地方自治法には時点の定めがないことから、以前に構成員であることが確認できれば、現在の登記上の住所が認可地縁団体の区域外であっても適用となると考えられます。その場合、不動産登記法の特例の申請を行う認可地縁団体は、地方自治法第260条の46第1項第3号に掲げる事項を疎明するに足りる資料を申請時に添付しなければならず、当該資料について市町村長から相当と認められる必要があります。

問23 認可地縁団体の事務の効率化や感染症対策などの観点から、総会を書面又は電磁的方法のみによる開催とすることはできますか。

答 書面又は電磁的方法のみによる総会の開催については2つの方法があります。

1つは、地方自治法第260条の19の2第1項に基づく方法で、①本来であれば総会において決議すべき事項について総会を開催せずに書面又は電磁的方法による決議を行うことについて会員に確認し、全員の承諾が得られた場合には、総会を開催せずに、②決議事項についての賛否を問い、書面又は電磁的方法により決議を行うことになります。なお、この場合には、通常どおりの決議要件が適用されます。

もう1つは、同条第2項に基づく方法で、本来であれば総会における決議事項について会員全員の書面又は電磁的方法による合意があり、当該決議事項について会員全員の賛成の意思が確認できた場合には、当該合意をもって書面又は電磁的方法による決議があったものとみなされます。

以上のとおり、前者の場合には計2回会員の意思を確認する必要があるのに対して、後者の場合は1回の意思の確認で足りるという違いがありますが、その代わりとして、前者の場合は、通常の決議要件が適用されるため必ずしも全員の賛成がなくとも可決することができるのに対して、後者の場合は全員の賛成がなければ可決することができないという違いがあります。

すなわち、後者は会員の意思確認が1回で済むという点において、前者よりも機動的ではありますが、その代わり決議要件という点においては、後者の方が厳しい規定となっています。

問24 総会の開催を省略するために全員の承諾や合意を必要とする理由は何でしょうか。

答 認可地縁団体の総会は、当該団体の意思決定を行う最高機関であり、本来、少なくとも毎年1回以上開催されるべきものです。

令和4年の改正で新設された書面又は電磁的方法による決議に関する規定は、かかる総会を開催することなく総会の決議があった場合と同一の効力を認めるものであり、総会の場での討議を省略するという意味において、重大な例外を認めるものです。

そこで、総会の場での討議を省略することによって全ての会員に不利益が及ばないように会員全員の承諾等を必要とすることとされています。

なお、他の法人制度においても同様の規定が設けられていますが、当該規定においても関係者全員の承諾等を必要としています。

問25 地方自治法第260条の18第3項に規定される電磁的方法による表決とは具体的に何を指しますか。

答 具体的には、電子メールなどによる送信、Webサイト、アプリケーションを利用した表決、磁気ディスク等に記録して、当該ディスク等を交付する方法などが考えられます。

問26 総会において電磁的方法による表決を行うためには「規約又は総会の決議」が必要となりますが、既に規約に書面や代理人による表決の規定がある場合に規約の改正は必要なのでしょうか。

答 地方自治法第260条の18第4項の規定により規約が優先的に適用されるため、電磁的方法による表決ができる旨の追記が必要となります。

なお、現行の規約に書面や代理人による表決の規定がない場合において電磁的方法による表決を可能とするためには、その旨を、規約又は総会の決議のうち各団体において選択した方法により定める必要があります。新たに規約を定める場合であって、現在地方自治法上可能とされている「書面による表決」・「代理人による表決」に加えて「電磁的方法による表決」を可能にしようとする場合には、これらの方法のいずれも可能である旨を記載する必要があります。総会の決議による場合は、例えば「以後継続的に電磁的方法による表決を可能とする決議」・「毎年その都度電磁的方法による表決を可能とする決議」など、地域の実情に応じて決議の内容を決定することが考えられます。その決定をするための総会の開催時期についても特段の定めはありません。

問27 令和4年の改正により新設された書面又は電磁的方法による決議の規定を活用し、今後一切の総会の決議事項について、書面又は電磁的方法により決議を行うこととすることは可能でしょうか。

答 令和4年の改正により新設された地方自治法第260条の19の2第1項及び同条第2項は、書面又は電磁的方法による決議を行うことを可能とする規定ですが、いずれも、個々の決議事項についてその議案（何について決議を行うのか）を提示してそれぞれ規定どおりの承諾又は合意を得る必要があり、あらかじめ決議全般について包括的に承諾又は合意を得ることはできません。

すなわち、同日に複数の事項について書面又は電磁的方法による決議を行おうとする場合であっても、個々の議案について規定どおりの承諾や合意を得る必要があります。

したがって、今後一切の決議事項について、書面又は電磁的方法により決議を行うこととすることもできません。

問28 討議を含めた形での総会を開催する場合に、当該総会をオンライン形式のみで開催することは可能でしょうか。

答 総会に出席しない会員は書面又は電磁的方法による表決や委任による代理表決をすることが可能であり、そのような会員が相当数見込まれる状況においては、出席者が一同に会するのと同様に、相互に議論できる環境であれば、Ｗｅｂ会議、テレビ会議、電話会議などにより、総会を開催することも可能と解されます（令和2年3月19日総務省自治行政局市町村課事務連絡）。この場合であっても、Ｗｅｂ会議等ではなく、直接集まって意見を述べたい会員がいる場合、総会の場所を確保し、その機会を設けることは必要となります。

問29　令和3年11月26日施行の地方自治法第260条の2第1項の規定において、認可目的としての「不動産又は不動産に関する権利等の保有」が削除されたのは、どのような背景があったのでしょうか。

答　近年の認可地縁団体の活動の幅の広がりを踏まえ、集会所のような不動産を保有しなくとも、今後は高齢者等への生活支援や地域交通の維持、地域の特産品開発・マーケット運営等の経済活動も含めた幅広い活動を行う団体が認可されることを想定したものです。

問30　認可目的としての「不動産又は不動産に関する権利等の保有」が削除されたことで、市区町村の認可事務にどのような影響が出るのでしょうか。

答　これまで必要であった保有資産目録又は保有予定資産目録をもとに、団体が不動産等を保有しているか又は保有する予定があるかの確認は不要となります。もっとも、地方自治法第260条の2第2項の認可要件が変更されたわけではないため、市町村においては、これまでどおり団体の規約内容等を確認し、団体の目的や活動内容が地域的な共同活動に当たるかどうか等の判断をしていただくことになります。

問31 認可の目的が「地域的な共同活動を円滑に行うため」と改められましたが、これにより法人格を得る団体として、どのような目的を持った団体を想定していますか。また、今後認可地縁団体となるメリットはありますか。

答 法人格を取得する目的として、①継続した活動基盤の確立、②法人が契約主体となることによる事業活動の充実化、③法律上の責任の所在の明確化、④個人財産と法人財産との混同防止、⑤対外的な信用の獲得等が考えられます。従来、認可の目的が不動産等の保有に限定されていることにより、不動産を保有しない団体がリサイクル品の集団回収や防犯灯のLED化等の業者との契約や銀行口座を団体名義で行うことを断念した事例などがあり、こうした団体に法人化の道が開かれることになります。

問32 認可地縁団体の合併にはどのような効果があるのでしょうか。

答 吸収合併の場合、吸収合併存続団体以外の団体（吸収合併消滅団体）は消滅し解散します（地方自治法第260条の20第6号）。これに伴い、吸収合併存続団体は、吸収合併消滅団体の一切の権利義務を包括的に承継します（同法第260条の43）。

新設合併の場合、合併前の認可地縁団体は全て消滅し解散します（同法第260条の20第6号）。これに伴い、新設合併設立団体は、新設合併消滅団体の一切の権利義務を包括的に承継します（同法第

260条の43)。

問33　合併の具体的な手続きはどのようになっていますか。

答　合併しようとする認可地縁団体Aと認可地縁団体Bは、まずそれぞれの認可地縁団体の総会において、合併の認可を申請することについて決議を経る必要があります（当該申請に添付する書類（規約等）を示した上で意思決定をすることが望ましい）。当該決議については、特に重要な事項であることから、原則として、総構成員の4分の3以上の賛成を得る必要があります。なお、いわゆる吸収合併の場合には、合併により存続する認可地縁団体（以下「吸収合併存続団体」という。）は、あわせて規約変更を総会で議決する（原則として総構成員の4分の3以上の同意を得る）必要があります。

その上で、認可地縁団体が合併する場合には、規約や区域の変更等が行われるため、合併後の団体が認可地縁団体としての要件を満たしているのかあらためて確認する必要があることから、合併の際にはあらためて市町村長の認可を受けることが必要となります。なお、吸収合併の場合、吸収合併存続団体は、合併の認可申請とあわせて規約変更の認可申請も行う必要があります。

合併の認可を受けた認可地縁団体は、必要な債権者保護手続を行い、当該債権者保護手続が終了した場合には、その旨を市町村長に届け出なければなりません。

認可地縁団体からの当該届出を受け、市町村長は、認可地縁団体の合併を認可したこと等について告示をしなければならず、当該告示により合併の効力が生じるものとされています。なお、吸収合併の場合、市町村長による規約変更の認可は、合併の告示（合併の効力発生）と同日に行われる必要があります。

問34 市町村長による合併の認可の要件はどのようになっていますか。

答 認可地縁団体が合併する場合、規約や区域等の変更があるため、市町村長はあらためて合併後の団体が一定の要件（地方自治法第260条の2第2項各号）に適合するか否かを確認する必要があります。したがって、合併の際にはあらためて市町村長の認可を受けることが必要な仕組みとされています（同法第260条の39第3項）。

合併の認可の場合にも基本的には同法第260条の2第2項の規定を準用することとし、市町村長は、合併の認可申請を行ってきた団体が同項に定める要件に該当していると認めるときは、合併の認可を行うものとします（同法第260条の39第4項による同法第260条の2第2項及び第5項の準用）。

ただし、同法第260条の2第2項第1号の要件については、合併の認可の場合、そのままの形では適用できないことから、読替規定が置かれています。

また、同条第4項の規定（同条第2項第2号の「区域」の考え方）については、合併の認可の場合には準用しないこととされています。

問35　地方自治法第260条の39第4項による読替後の同法第260条の2第2項第1号に規定されている「合併しようとする各認可地縁団体が連携して当該目的に資する活動を現に行つている」とはどのような状態を指しますか。

答　合併の認可の申請の時点において、合併しようとする各認可地縁団体が、「合併後の認可地縁団体において地域的な共同活動を行うための準備行為等」を共同して行っていることが客観的に明らかである場合には「合併しようとする各認可地縁団体が連携して当該目的に資する活動を現に行つている」と認められるものと考えます。

具体的には、例えば、

・合併しようとする認可地縁団体同士が、合併に向けて合同で打合せを行っていること
・合併しようとする認可地縁団体が、合併を見据えて、実際に将来的に共に行う地域的な共同活動（例えば地域の清掃など）を合同で実施していること

などが考えられます。

したがって、合併後の認可地縁団体において地域的な共同活動を行うために、合併しようとする認可地縁団体が共に連絡を取り合いながら法定の合併手続を進めている場合は「合併後の認可地縁団体において地域的な共同活動を行うための準備行為等」として「当該目的に資する活動」に該当するものと認められる可能性が高いと考えられます。

その上で、具体的なケースにおいて、認可要件を満たすか否かの最終判断は認可権者である市町村長が行うこととなります。

問36 地方自治法施行規則第18条の2第1項第4号に規定されている「その区域の住民相互の連絡、環境の整備、集会施設の維持管理等良好な地域社会の維持及び形成に資する地域的な共同活動を行うことを目的とし、合併しようとする各認可地縁団体が連携して当該目的に資する活動を現に行つていることを記載した書類」とは、どのような書類でしょうか。

答　合併しようとする各認可地縁団体の代表者は、申請書に地方自治法施行規則第18条の2第1項第1号から第6号までに掲げる書類を添え、当該各認可地縁団体の区域を包括する市町村の長に対し認可申請を行うものとされています（地方自治法第260条の39第4項において準用する同法第260条の2第2項及び同法施行規則第18条の2）。

申請書の添付書類のうち、「その区域の住民相互の連絡、環境の整備、集会施設の維持管理等良好な地域社会の維持及び形成に資する地域的な共同活動を行うことを目的とし、合併しようとする各認可地縁団体が連携して当該目的に資する活動を現に行つていることを記載した書類」（同法施行規則第18条の2第1項第4号）とは、問35の回答も踏まえ、例えば、

・合併しようとする認可地縁団体同士が合併に向けて合同で行った打合せの議事録

・合併しようとする認可地縁団体が合併を見据えて合同で実施した地域的な共同活動（例えば地域の清掃など）の活動記録

などが想定されますが、これらに限られるものではありません。

10 おわりに

共助の担い手の活性化や持続的な活動基盤の構築のためには人材の確保や育成等が課題となっており、また近年の災害の頻発・激甚化に対し地域防災力を充実させる必要性が高まっていることから、住民に最も身近な共同体である自治会、町内会等の役割は引き続き重要であると言われています。そのような中、自治会、町内会等が活動を発展させていく上で、様々な団体との契約や連携による事業の幅の広がりを容易にするなどの観点から、法人格の取得は、持続可能な活動基盤を整える上で有用な方策の1つと考えられます。

本書により法人化のための諸手続等を理解していただき、自治会、町内会等が、法人格を取得することを通じて、地域社会にとって一層意義あるものとなることを期待しています。

○地方自治法（抄）

〔地縁による団体〕

第二百六十条の二　町又は字の区域その他市町村内の一定の区域に住所を有する者の地縁に基づいて形成された団体（以下本条において「地縁による団体」という。）は、地域的な共同活動を円滑に行うため市町村長の認可を受けたときは、その規約に定める目的の範囲内において、権利を有し、義務を負う。

② 前項の認可は、地縁による団体のうち次に掲げる要件に該当するものについて、その団体の代表者が総務省令で定めるところにより行う申請に基づいて行う。

一　その区域の住民相互の連絡、環境の整備、集会施設の維持管理等良好な地域社会の維持及び形成に資する地域的な共同活動を行うことを目的とし、現にその活動を行つていると認められること。

二　その区域が、住民にとつて客観的に明らかなものとして定められていること。

三　その区域に住所を有するすべての個人は、構成員となることができるものとし、その相当数の者が現に構成員となつていること。

四　規約を定めていること。

③ 規約には、次に掲げる事項が定められていなければならない。

一　目的

二　名称

三　区域

四　主たる事務所の所在地

五　構成員の資格に関する事項

六　代表者に関する事項

七　会議に関する事項

八　資産に関する事項

④ 第二項第二号の区域は、当該地縁による団体が相当の期間にわたつて存続している区域の現況によらなければならない。

⑤ 市町村長は、地縁による団体が第二項各号に掲げる要件に該当していると認めるときは、第一項の認可をしなければならない。

⑥ 第一項の認可は、当該認可を受けた地縁による団体を、公共団体その他の行政組織の一部とすることを意味するものと解釈してはならない。

⑦ 第一項の認可を受けた地縁による団体（以下「認可地縁団体」という。）は、正当な理由がない限り、その区域に住所を有する個人の加入を拒んではならない。

⑧ 認可地縁団体は、民主的な運営の下に、自主的に活動するものとし、構成員に対し不当な差別的取扱いをしてはならない。

⑨ 認可地縁団体は、特定の政党のために利用してはならない。

⑩ 市町村長は、第一項の認可をしたときは、総務省令で定めるところにより、これを告示しなければならない。告示した事項に変更があつたときも、また同様とする。

⑪　認可地縁団体は、前項の規定に基づいて告示された事項に変更があつたときは、総務省令で定めるところにより、市町村長に届け出なければならない。

⑫　何人も、市町村長に対し、総務省令で定めるところにより、第十項の規定により告示した事項に関する証明書の交付を請求することができる。この場合において、当該請求をしようとする者は、郵便又は信書便により、当該証明書の送付を求めることができる。

⑬　認可地縁団体は、第十項の告示があるまでは、認可地縁団体となつたこと及び同項の規定に基づいて告示された事項をもつて第三者に対抗することができない。

⑭　市町村長は、認可地縁団体が第二項各号に掲げる要件のいずれかを欠くこととなつたとき、又は不正な手段により第一項の認可を受けたときは、その認可を取り消すことができる。

⑮　一般社団法人及び一般財団法人に関する法律（平成十八年法律第四十八号）第四条及び第七十八条の規定は、認可地縁団体に準用する。

⑯　認可地縁団体は、法人税法（昭和四十年法律第三十四号）その他法人税に関する法令の規定の適用については、同法第二条第六号に規定する公益法人等とみなす。この場合において、同法第三十七条の規定を適用する場合には同条第四項中「公益法人等（」とあるのは「公益法人等（地方自治法（昭和二十二年法律第六十七号）第二百六十条の二第七項に規定する認可地縁団体（以下「認可地縁団体」という。）並びに」と、同法第六十六条の規定を適用する場合には同条第一項中「普通法人」とあるのは「普通法人（認可地縁団体を含む。）」と、同条第二項中「除く」とあるのは「除くものとし、認可地縁団体を含む」と、同条第三項中「公益法人等（」とあるのは「公益法人等（認可地縁団体及び」とする。

⑰　認可地縁団体は、消費税法（昭和六十三年法律第百八号）その他消費税に関する法令の規定の適用については、同法別表第三に掲げる法人とみなす。

〔規約の変更〕

第二百六十条の三　認可地縁団体の規約は、総構成員の四分の三以上の同意があるときに限り、変更することができる。ただし、当該規約に別段の定めがあるときは、この限りでない。

②　前項の規定による規約の変更は、市町村長の認可を受けなければ、その効力を生じない。

〔財産目録及び構成員名簿〕

第二百六十条の四　認可地縁団体は、認可を受ける時及び毎年一月から三月までの間に財産目録を作成し、常にこれをその主たる事務所に備え置かなければならない。ただし、特に事業年度を設けるものは、認可を受ける時及び毎事業年度の終了の時に財産目録を作成しなければならない。

②　認可地縁団体は、構成員名簿を備え置き、構成員の変更があるごとに必要な変更を加えなければならない。

〔代表者〕

第二百六十条の五　認可地縁団体には、一人の代表者を置かなければならない。

〔認可地縁団体の代表〕
第二百六十条の六　認可地縁団体の代表者は、認可地縁団体のすべての事務について、認可地縁団体を代表する。ただし、規約の規定に反することはできず、また、総会の決議に従わなければならない。

〔代表者の代表権の制限〕
第二百六十条の七　認可地縁団体の代表者の代表権に加えた制限は、善意の第三者に対抗することができない。

〔代表者の代理行為の委任〕
第二百六十条の八　認可地縁団体の代表者は、規約又は総会の決議によつて禁止されていないときに限り、特定の行為の代理を他人に委任することができる。

〔仮代表者〕
第二百六十条の九　認可地縁団体の代表者が欠けた場合において、事務が遅滞することにより損害を生ずるおそれがあるときは、裁判所は、利害関係人又は検察官の請求により、仮代表者を選任しなければならない。

〔利益相反行為〕
第二百六十条の十　認可地縁団体と代表者との利益が相反する事項については、代表者は、代表権を有しない。この場合においては、裁判所は、利害関係人又は検察官の請求により、特別代理人を選任しなければならない。

〔監事〕
第二百六十条の十一　認可地縁団体には、規約又は総会の決議で、一人又は数人の監事を置くことができる。

〔監事の職務〕
第二百六十条の十二　認可地縁団体の監事の職務は、次のとおりとする。
一　財産の状況を監査すること。
二　代表者の業務の執行の状況を監査すること。
三　財産の状況又は業務の執行について、法令若しくは規約に違反し、又は著しく不当な事項があると認めるときは、総会に報告をすること。
四　前号の報告をするため必要があるときは、総会を招集すること。

〔通常総会〕
第二百六十条の十三　認可地縁団体の代表者は、少なくとも毎年一回、構成員の通常総会を開かなければならない。

〔臨時総会〕
第二百六十条の十四　認可地縁団体の代表者は、必要があると認めるときは、いつでも臨時総会を招集することができる。
②　総構成員の五分の一以上から会議の目的である事項を示して請求があつたときは、認可地縁団体の代表者は、臨時総会を招集しなければならない。ただし、総構成員の五分の一の割合については、規約でこれと異なる割合を定めることができる。

〔総会の招集〕
第二百六十条の十五　認可地縁団体の総会の招集の通知は、総会の日より少なくとも五日前に、その会議の目的である事項を示し、規約で定めた方法に従つてしなければならない。

〔認可地縁団体の事務の執行〕

第二百六十条の十六　認可地縁団体の事務は、規約で代表者その他の役員に委任したものを除き、すべて総会の決議によつて行う。

〔総会の決議事項〕

第二百六十条の十七　認可地縁団体の総会においては、第二百六十条の十五の規定によりあらかじめ通知をした事項についてのみ、決議をすることができる。ただし、規約に別段の定めがあるときは、この限りでない。

〔構成員の表決権〕

第二百六十条の十八　認可地縁団体の各構成員の表決権は、平等とする。

②　認可地縁団体の総会に出席しない構成員は、書面で、又は代理人によつて表決をすることができる。

③　前項の構成員は、規約又は総会の決議により、同項の規定による書面による表決に代えて、電磁的方法（電子情報処理組織を使用する方法その他の情報通信の技術を利用する方法であつて総務省令で定めるものをいう。第二百六十条の十九の二において同じ。）により表決をすることができる。

④　前三項の規定は、規約に別段の定めがある場合には、適用しない。

〔表決権のない場合〕

第二百六十条の十九　認可地縁団体と特定の構成員との関係について議決をする場合には、その構成員は、表決権を有しない。

第二百六十条の十九の二　この法律又は規約により総会において決議をすべき場合において、構成員全員の承諾があるときは、書面又は電磁的方法による決議をすることができる。ただし、電磁的方法による決議に係る構成員の承諾については、総務省令で定めるところによらなければならない。

②　この法律又は規約により総会において決議すべきものとされた事項については、構成員全員の書面又は電磁的方法による合意があつたときは、書面又は電磁的方法による決議があつたものとみなす。

③　この法律又は規約により総会において決議すべきものとされた事項についての書面又は電磁的方法による決議は、総会の決議と同一の効力を有する。

④　総会に関する規定は、書面又は電磁的方法による決議について準用する。

〔認可地縁団体の解散事由〕

第二百六十条の二十　認可地縁団体は、次に掲げる事由によつて解散する。

一　規約で定めた解散事由の発生

二　破産手続開始の決定

三　第二百六十条の二第十四項の規定による同条第一項の認可の取消し

四　総会の決議

五　構成員が欠けたこと。

六　合併（合併により当該認可地縁団体が消滅する場合に限

る。）

〔認可地縁団体の解散の決議〕

第二百六十条の二十一　認可地縁団体は、総構成員の四分の三以上の賛成がなければ、解散の決議をすることができない。ただし、規約に別段の定めがあるときは、この限りでない。

〔認可地縁団体についての破産手続の開始〕

第二百六十条の二十二　認可地縁団体がその債務につきその財産をもつて完済することができなくなつた場合には、裁判所は、代表者若しくは債権者の申立てにより又は職権で、破産手続開始の決定をする。

② 前項に規定する場合には、代表者は、直ちに破産手続開始の申立てをしなければならない。

〔清算認可地縁団体〕

第二百六十条の二十三　解散した認可地縁団体は、清算の目的の範囲内において、その清算の結了に至るまではなお存続するものとみなす。

〔清算人〕

第二百六十条の二十四　認可地縁団体が解散したときは、破産手続開始の決定及び合併による解散の場合を除き、代表者がその清算人となる。ただし、規約に別段の定めがあるとき、又は総会において代表者以外の者を選任したときは、この限りでない。

〔裁判所による清算人の選任〕

第二百六十条の二十五　前条の規定により清算人となる者がないとき、又は清算人が欠けたため損害を生ずるおそれがあるときは、裁判所は、利害関係人若しくは検察官の請求により又は職権で、清算人を選任することができる。

〔清算人の解任〕

第二百六十条の二十六　重要な事由があるときは、裁判所は、利害関係人若しくは検察官の請求により又は職権で、認可地縁団体の清算人を解任することができる。

〔清算人の職務及び権限〕

第二百六十条の二十七　認可地縁団体の清算人の職務は、次のとおりとする。

一　現務の結了

二　債権の取立て及び債務の弁済

三　残余財産の引渡し

② 清算人は、前項各号に掲げる職務を行うために必要な一切の行為をすることができる。

〔債権申出の催告等〕

第二百六十条の二十八　認可地縁団体の清算人は、その就職後遅滞なく、公告をもつて、債権者に対し、一定の期間内にその債権の申出をすべき旨の催告をしなければならない。この場合において、その期間は、二月を下ることができない。

② 前項の公告には、債権者がその期間内に申出をしないときは清算から除斥されるべき旨を付記しなければならない。ただし、清算人は、知れている債権者を除斥することができない。

③ 認可地縁団体の清算人は、知れている債権者には、各別にその申出の催告をしなければならない。

④　第一項の公告は、官報に掲載してする。

〔期間経過後の債権の申出〕

第二百六十条の二十九　前条第一項の期間の経過後に申出をした債権者は、認可地縁団体の債務が完済された後まだ権利の帰属すべき者に引き渡されていない財産に対してのみ、請求をすることができる。

〔清算認可地縁団体についての破産手続の開始〕

第二百六十条の三十　清算中に認可地縁団体の財産がその債務を完済するのに足りないことが明らかになつたときは、清算人は、直ちに破産手続開始の申立てをし、その旨を公告しなければならない。

②　清算人は、清算中の認可地縁団体が破産手続開始の決定を受けた場合において、破産管財人にその事務を引き継いだときは、その任務を終了したものとする。

③　前項に規定する場合において、清算中の認可地縁団体が既に債権者に支払い、又は権利の帰属すべき者に引き渡したものがあるときは、破産管財人は、これを取り戻すことができる。

④　第一項の規定による公告は、官報に掲載してする。

〔残余財産の帰属〕

第二百六十条の三十一　解散した認可地縁団体の財産は、破産手続開始の決定及び合併による解散の場合を除き、規約で指定した者に帰属する。

②　規約で権利の帰属すべき者を指定せず、又はその者を指定する方法を定めなかつたときは、代表者は、市町村長の認可を得て、その認可地縁団体の目的に類似する目的のために、その財産を処分することができる。ただし、総会の決議を経なければならない。

③　前二項の規定により処分されない財産は、市町村に帰属する。

〔裁判所による監督〕

第二百六十条の三十二　認可地縁団体の解散及び清算は、裁判所の監督に属する。

②　裁判所は、職権で、いつでも前項の監督に必要な検査をすることができる。

〔清算結了の届出〕

第二百六十条の三十三　認可地縁団体の清算が結了したときは、清算人は、その旨を市町村長に届け出なければならない。

〔事件の管轄〕

第二百六十条の三十四　認可地縁団体に係る次に掲げる事件は、その主たる事務所の所在地を管轄する地方裁判所の管轄に属する。

一　仮代表者又は特別代理人の選任に関する事件

二　解散及び清算の監督に関する事件

三　清算人に関する事件

〔不服申立ての制限〕

第二百六十条の三十五　認可地縁団体の清算人の選任の裁判に対しては、不服を申し立てることができない。

〔裁判所の選任する清算人等の報酬〕

第二百六十条の三十六　裁判所は、第二百六十条の二十五の規定により清算人を選任した場合には、認可地縁団体が当該清算人に対して支払う報酬の額を定めることができる。この場合においては、裁判所は、当該清算人（監事を置く認可地縁団体にあつては、当該清算人及び監事）の陳述を聴かなければならない。

〔検査役の選任〕

第二百六十条の三十七　裁判所は、認可地縁団体の解散及び清算の監督に必要な調査をさせるため、検査役を選任することができる。

② 前二条の規定は、前項の規定により裁判所が検査役を選任した場合について準用する。この場合において、前条中「清算人（監事を置く認可地縁団体にあつては、当該清算人及び監事）」とあるのは、「認可地縁団体及び検査役」と読み替えるものとする。

第二百六十条の三十八　認可地縁団体は、同一市町村内の他の認可地縁団体と合併することができる。

第二百六十条の三十九　認可地縁団体が合併しようとするときは、総会の決議を経なければならない。

② 前項の決議は、総構成員の四分の三以上の多数をもつてしなければならない。ただし、規約に別段の定めがあるときは、この限りでない。

③ 合併は、市町村長の認可を受けなければ、その効力を生じない。

④ 第二百六十条の二第二項及び第五項の規定は、前項の認可について準用する。この場合において、同条第二項第一号中「現にその活動を」とあるのは、「合併しようとする各認可地縁団体が連携して当該目的に資する活動を現に」と読み替えるものとする。

第二百六十条の四十　認可地縁団体は、前条第三項の認可があつたときは、その認可の通知のあつた日から二週間以内に、財産目録を作成し、次項の規定により債権者が異議を述べることができる期間が満了するまでの間、これをその主たる事務所に備え置かなければならない。

② 認可地縁団体は、前条第三項の認可があつたときは、その認可の通知のあつた日から二週間以内に、その債権者に対し、合併に異議があれば一定の期間内に述べるべきことを公告し、かつ、判明している債権者に対しては、各別にこれを催告しなければならない。この場合において、その期間は、二月を下ることができない。

第二百六十条の四十一　債権者が前条第二項の期間内に異議を述べなかつたときは、合併を承認したものとみなす。

② 債権者が異議を述べたときは、認可地縁団体は、弁済し、若しくは相当の担保を供し、又はその債権者に弁済を受けさせることを目的として信託会社若しくは信託業務を営む金融機関に相当の財産を信託しなければならない。ただし、合併をしてもその債権者を害するおそれがないときは、この限りでない。

③ 合併しようとする各認可地縁団体は、前条及び前二項の規定による手続が終了した場合には、総務省令で定めるところにより、共同で、遅滞なく、その旨を市町村長に届け出なければならない。

第二百六十条の四十二　合併により認可地縁団体を設立する場合には、規約の作成その他認可地縁団体の設立に関する事務は、各認可地縁団体において選任した者が共同して行わなければならない。

第二百六十条の四十三　合併後存続する認可地縁団体又は合併により設立した認可地縁団体は、合併により消滅した認可地縁団体の一切の権利義務（当該認可地縁団体がその行う活動に関し行政庁の認可その他の処分に基づいて有する権利義務を含む。）を承継する。

第二百六十条の四十四　市町村長は、第二百六十条の四十一第三項の規定による届出があつたときは、当該届出に係る合併について第二百六十条の三十九第三項の認可をした旨その他総務省令で定める事項を告示しなければならない。

② 認可地縁団体の合併は、前項の規定による告示によりその効力を生ずる。

③ 合併により設立した団体は、第一項の規定による告示の日において認可地縁団体となつたものとみなす。

④ 第一項の規定により告示した事項は、第二百六十条の二第十項の規定により告示した事項とみなす。この場合において、合併後存続する認可地縁団体に係る同項の規定による従前の告示は、その効力を失う。

⑤ 第二百六十条の四第一項の規定は、第一項の規定による告示があつた場合について準用する。

第二百六十条の四十五　市町村長は、次の各号のいずれかに該当するときは、第二百六十条の三十九第三項の認可を取り消すことができる。

一　第二百六十条の三十九第三項の認可をした日から六月を経過しても第二百六十条の四十一第三項の規定による届出がないとき。

二　認可地縁団体が不正な手段により第二百六十条の三十九第三項の認可を受けたとき。

② 前条第一項の規定による告示後に前項（第二号に係る部分に限る。）の規定により第二百六十条の三十九第三項の認可が取り消されたときは、当該認可に係る合併をした認可地縁団体は、当該合併の効力が生じた日後に合併後存続した認可地縁団体又は合併により設立した認可地縁団体が負担した債務について、連帯して弁済する責任を負う。

③ 前項に規定する場合には、当該合併の効力が生じた日後に合併後存続した認可地縁団体又は合併により設立した認可地縁団体が取得した財産は、当該合併をした認可地縁団体の共有に属する。

④ 前二項に規定する場合には、各認可地縁団体の第二項の債務の負担部分及び前項の財産の共有持分は、各認可地縁団体の協議によつて定める。

〔不動産登記法の特例の申請手続〕

第二百六十条の四十六　認可地縁団体が所有する不動産であつて表題部所有者（不動産登記法（平成十六年法律第百二十三号）第二条第十号に規定する表題部所有者をいう。以下この項において同じ。）又は所有権の登記名義人の全てが当該認可地縁団体の構成員又はかつて当該認可地縁団体の構成員であつた者であるもの（当該認可地縁団体によつて、十年以上所有の意思をもつて平穏かつ公然と占有されているものに限る。）について、当該不動産の表題部所有者若しくは所有権の登記名義人又はこれらの相続人（以下この条において「登記関係者」という。）の全部又は一部の所在が知れない場合において、当該認可地縁団体が当該認可地縁団体を登記名義人とする当該不動産の所有権の保存又は移転の登記をしようとするときは、当該認可地縁団体は、総務省令で定めるところにより、当該不動産に係る次項の公告を求める旨を市町村長に申請することができる。この場合において、当該申請を行う認可地縁団体は、次の各号に掲げる事項を疎明するに足りる資料を添付しなければならない。

一　当該認可地縁団体が当該不動産を所有していること。

二　当該認可地縁団体が当該不動産を十年以上所有の意思をもつて平穏かつ公然と占有していること。

三　当該不動産の表題部所有者又は所有権の登記名義人の全てが当該認可地縁団体の構成員又はかつて当該認可地縁団体の構成員であつた者であること。

四　当該不動産の登記関係者の全部又は一部の所在が知れないこと。

②　市町村長は、前項の申請を受けた場合において、当該申請を相当と認めるときは、総務省令で定めるところにより、当該申請を行つた認可地縁団体が同項に規定する不動産の所有権の保存又は移転の登記をすることについて異議のある当該不動産の登記関係者又は当該不動産の所有権を有することを疎明する者（次項から第五項までにおいて「登記関係者等」という。）は、当該市町村長に対し異議を述べるべき旨を公告するものとする。この場合において、公告の期間は、三月を下つてはならない。

③　前項の公告に係る登記関係者等が同項の期間内に同項の異議を述べなかつたときは、第一項に規定する不動産の所有権の保存又は移転の登記をすることについて当該公告に係る登記関係者の承諾があつたものとみなす。

④　市町村長は、前項の規定により第一項に規定する不動産の所有権の保存又は移転の登記をすることについて登記関係者の承諾があつたものとみなされた場合には、総務省令で定めるところにより、当該市町村長が第二項の規定による公告をしたこと及び登記関係者等が同項の期間内に異議を述べなかつたことを証する情報を第一項の規定により申請を行つた認可地縁団体に提供するものとする。

⑤　第二項の公告に係る登記関係者等が同項の期間内に同項の異議を述べたときは、市町村長は、総務省令で定めるところにより、その旨及びその内容を第一項の規定により申請を行つた認可地縁団体に通知するものとする。

〔不動産登記法の特例〕

第二百六十条の四十七　不動産登記法第七十四条第一項の規定にかかわらず、前条第四項に規定する証する情報を提供された認可地縁団体が申請情報（同法第十八条に規定する申請情報をいう。次項において同じ。）と併せて当該証する情報を登記所に提供するときは、当該認可地縁団体が当該証する情報に係る前条第一項に規定する不動産の所有権の保存の登記を申請することができる。

②　不動産登記法第六十条の規定にかかわらず、前条第四項に規定する証する情報を提供された認可地縁団体が申請情報と併せて当該証する情報を登記所に提供するときは、当該認可地縁団体のみで当該証する情報に係る同条第一項に規定する不動産の所有権の移転の登記を申請することができる。

〔過料に処すべき行為〕

第二百六十条の四十八　次の各号のいずれかに該当する場合には、認可地縁団体の代表者又は清算人は、非訟事件手続法（平成二十三年法律第五十一号）により、五十万円以下の過料に処する。

一　第二百六十条の二十二第二項又は第二百六十条の三十第一項の規定による破産手続開始の申立てを怠つたとき。

二　第二百六十条の二十八第一項又は第二百六十条の三十第一項の規定による公告を怠り、又は不正の公告をしたとき。

三　第二百六十条の四十第一項の規定に違反して、財産目録を作成せず、若しくは備え置かず、又はこれに記載すべき事項を記載せず、若しくは虚偽の記載をしたとき。

四　第二百六十条の四十第二項又は第二百六十条の四十一第二項の規定に違反して、合併をしたとき。

○地方自治法施行規則（抄）

第十八条　地方自治法第二百六十条の二第二項に規定する申請は、同条第一項に規定する地縁による団体の代表者が、申請書に次に掲げる書類を添え、当該地縁による団体の区域を包括する市町村の長に対し行うものとする。

一　規約

二　認可を申請することについて総会で議決したことを証する書類

三　構成員の名簿

四　その区域の住民相互の連絡、環境の整備、集会施設の維持管理等良好な地域社会の維持及び形成に資する地域的な共同活動を現に行つていることを記載した書類

五　申請者が代表者であることを証する書類

2　前項の申請書の様式は、別記のとおりとする。

第十八条の二　地方自治法第二百六十条の三十九第四項において準用する同法第二百六十条の二第二項に規定する申請は、合併しようとする各認可地縁団体の代表者が、申請書に次に掲げる書類を添え、当該各認可地縁団体の区域を包括する市町村の長に対し行うものとする。

一　合併後存続する認可地縁団体又は合併により設立する認可地縁団体（以下「合併後の認可地縁団体」という。）の規約

二　地方自治法第二百六十条の三十九第三項の認可を申請することについて合併しようとする各認可地縁団体の総会で議決したことを証する書類
三　合併後の認可地縁団体の構成員の名簿
四　その区域の住民相互の連絡、環境の整備、集会施設の維持管理等良好な地域社会の維持及び形成に資する地域的な共同活動を行うことを目的とし、合併しようとする各認可地縁団体が連携して当該目的に資する活動を現に行つていることを記載した書類
五　合併しようとする各認可地縁団体の規約
六　申請者が合併しようとする各認可地縁団体の代表者であることを証する書類
2　前項の申請書の様式は、別記のとおりとする。
第十九条　地方自治法第二百六十条の二第十項（土地改良法（昭和二十四年法律第百九十五号）第七十六条の十三第四項及び森林組合法（昭和五十三年法律第三十六号）第百条の二十二第四項の規定により読み替えて適用される場合を含む。）に規定する告示は、次の各号に掲げる場合の区分に応じ、それぞれ当該各号の場合に該当する旨を明示した上で当該各号に定める事項について行うものとする。
一　地方自治法第二百六十条の二第一項の認可を行つた場合
イ　名称
ロ　規約に定める目的
ハ　区域
ニ　主たる事務所
ホ　代表者の氏名及び住所
ヘ　裁判所による代表者の職務執行の停止の有無並びに職務代行者の選任の有無（職務代行者が選任されている場合は、その氏名及び住所）
ト　代理人の有無（代理人がある場合は、その氏名及び住所）
チ　規約に解散の事由を定めたときは、その事由
リ　認可年月日
二　土地改良法第七十六条の十三第三項の通知があつた場合
イ　名称
ロ　規約に定める目的
ハ　区域
ニ　主たる事務所
ホ　代表者の氏名及び住所
ヘ　裁判所による代表者の職務執行の停止の有無並びに職務代行者の選任の有無（職務代行者が選任されている場合は、その氏名及び住所）
ト　代理人の有無（代理人がある場合は、その氏名及び住所）
チ　規約に解散の事由を定めたときは、その事由
リ　土地改良法第七十六条の十二第二項第五号の日又は同法第七十六条の十三第一項の認可を受けた日のいずれか遅い日
三　森林組合法第百条の二十二第三項の通知があつた場合
イ　名称
ロ　規約に定める目的

ハ　区域
ニ　主たる事務所
ホ　代表者の氏名及び住所
ヘ　裁判所による代表者の職務執行の停止の有無並びに職務代行者の選任の有無（職務代行者が選任されている場合は、その氏名及び住所）
ト　代理人の有無（代理人がある場合は、その氏名及び住所）
チ　規約に解散の事由を定めたときは、その事由
リ　森林組合法第百条の二十第二項第七号の日又は同法第百条の二十二第一項の認可を受けた日のいずれか遅い日
四　解散した場合（破産及び合併による場合を除く。）
イ　名称
ロ　区域
ハ　主たる事務所
ニ　清算人の氏名及び住所
ホ　解散事由
ヘ　解散年月日
五　清算結了の場合
イ　名称
ロ　区域
ハ　主たる事務所
ニ　清算人の氏名及び住所
ホ　清算結了年月日
六　前二号の場合並びに破産及び合併による場合を除くほか、地方自治法第二百六十条の二第十一項の規定により、告示された事項に変更があつたとして届出があつた場合
告示した事項のうち変更があつた事項及びその内容
2　前項の告示は、遅滞なく行わなければならない。

第二十条　地方自治法第二百六十条の二第十一項に規定する届出は、認可地縁団体の代表者が、届出書に告示された事項に変更があつた旨を証する書類を添え、当該認可地縁団体の区域を包括する市町村の長に対し行うものとする。
2　前項の届出書の様式は、別記のとおりとする。

第二十一条　地方自治法第二百六十条の二第十二項に規定する請求は、請求者の氏名及び住所、請求に係る団体の名称及び事務所の所在地を記載した証明書交付請求書を市町村長に提出することにより行うものとする。
2　市町村長は、第十九条及び第二十二条の二の四に掲げる事項を記載した台帳を作成し、前項の請求があつたときは、末尾に原本と相違ない旨を記載した台帳の写しを交付しなければならない。
3　前項の台帳の様式は、別記のとおりとする。

第二十二条　地方自治法第二百六十条の三第二項の規定による規約の変更の認可の申請は、申請書に、規約変更の内容及び理由を記載した書類並びに当該規約変更を総会で議決したことを証する書類を添付して行わなければならない。
2　前項の申請書の様式は、別記のとおりとする。

〔電磁的方法〕
第二十二条の二　地方自治法第二百六十条の十八第三項に規定する

総務省令で定めるものは、次に掲げる方法とする。
一　電子情報処理組織を使用する方法のうちイ又はロに掲げるもの
イ　送信者の使用に係る電子計算機と受信者の使用に係る電子計算機とを接続する電気通信回線を通じて送信し、受信者の使用に係る電子計算機に備えられたファイルに記録する方法
ロ　送信者の使用に係る電子計算機に備えられたファイルに記録された情報の内容を電気通信回線を通じて情報の提供を受ける者の閲覧に供し、当該情報の提供を受ける者の使用に係る電子計算機に備えられたファイルに当該情報を記録する方法
二　磁気ディスクその他これに準ずる方法により一定の情報を確実に記録しておくことができる物をもつて調製するファイルに情報を記録したものを交付する方法
2　前項各号に掲げる方法は、受信者がファイルへの記録を出力することにより書面を作成することができるものでなければならない。

〔電磁的方法による決議に係る構成員の承諾〕
第二十二条の二の二　認可地縁団体の代表者は、地方自治法第二百六十条の十九の二第一項の規定により電磁的方法による決議をしようとするときは、あらかじめ、構成員に対し、その用いる電磁的方法の種類及び内容を示し、書面又は電磁的方法による承諾を得なければならない。
2　前項の電磁的方法の種類及び内容は、次に掲げる事項とする。
一　前条第一項各号に規定する電磁的方法のうち、送信者が使用するもの
二　ファイルへの記録の方式
3　第一項の規定による承諾を得た認可地縁団体の代表者は、構成員の全部又は一部から書面又は電磁的方法により電磁的方法による決議を拒む旨の申出があつたときは、地方自治法第二百六十条の十九の二第一項に規定する決議を電磁的方法によつてしてはならない。ただし、当該申出をしたすべての構成員が再び第一項の規定による承諾をした場合は、この限りでない。
第二十二条の二の三　地方自治法第二百六十条の四十一第三項の規定による届出は、届出書に同法第二百六十条の四十第二項の規定による公告及び催告をしたこと並びに異議を述べた債権者があるときは、同法第二百六十条の四十一第二項の規定によりその債権者に対し弁済し、若しくは相当の担保を供し、又はその債権者に弁済を受けさせることを目的として相当の財産を信託したこと又は合併をしてもその債権者を害するおそれがないことを証する書類を添えて行うものとする。
2　前項の届出書の様式は、別記のとおりとする。
第二十二条の二の四　地方自治法第二百六十条の四十四第一項に規定する総務省令で定める事項は、次に掲げる事項とする。
一　合併後の認可地縁団体の名称
二　合併後の認可地縁団体の規約に定める目的
三　合併後の認可地縁団体の区域

四　合併後の認可地縁団体の主たる事務所
五　合併後の認可地縁団体の代表者の氏名及び住所
六　合併後の認可地縁団体の裁判所による代表者の職務執行の停止の有無並びに職務代行者の選任の有無（職務代行者が選任されている場合は、その氏名及び住所）
七　合併後の認可地縁団体の代理人の有無（代理人がある場合は、その氏名及び住所）
八　合併後の認可地縁団体の規約に解散の事由を定めたときは、その事由
九　地方自治法第二百六十条の三十九第三項の認可の年月日
十　合併前の各認可地縁団体の名称
十一　合併により消滅する認可地縁団体の名称、区域及び主たる事務所

第二十二条の二の五　地方自治法第二百六十条の四十六第一項に規定する申請は、認可地縁団体の代表者が、申請書に次に掲げる書類を添え、当該認可地縁団体の区域を包括する市町村の長に対し行うものとする。
一　所有権の保存又は移転の登記をしようとする不動産（以下「申請不動産」という。）の登記事項証明書
二　申請不動産に関し、地方自治法第二百六十条の四十六第一項に規定する申請をすることについて総会で議決したことを証する書類
三　申請者が代表者であることを証する書類
四　地方自治法第二百六十条の四十六第一項各号に掲げる事項を疎明するに足りる資料
2　前項の申請書の様式は、別記のとおりとする。

第二十二条の三　地方自治法第二百六十条の四十六第二項に規定する公告は、次に掲げる事項について行うものとする。
一　地方自治法第二百六十条の四十六第一項の申請を行つた認可地縁団体の名称、区域及び主たる事務所
二　前条第二項に規定する申請書の様式に記載された申請不動産に関する事項
三　申請不動産の所有権の保存又は移転の登記をすることについて異議を述べることができる者の範囲は、申請不動産の表題部所有者若しくは所有権の登記名義人若しくはこれらの相続人又は申請不動産の所有権を有することを疎明する者（以下「登記関係者等」という。）である旨
四　異議を述べることができる期間及び方法に関する事項
2　前項の公告に係る登記関係者等が異議を述べようとするときは、異議を述べる旨及びその内容を記載した申出書に申請不動産の登記事項証明書、住民票の写しその他の市町村長が必要と認める書類を添えて行うものとする。
3　前項の申出書の様式は、別記のとおりとする。

第二十二条の四　地方自治法第二百六十条の四十六第四項に規定する証する情報の提供は、前条第一項第二号に掲げる申請不動産に関する事項その他必要な事項を記載した書面により行うものとする。
2　前項の書面の様式は、別記のとおりとする。

第二十二条の五　地方自治法第二百六十条の四十六第五項に規定する通知は、第二十二条の三第二項の規定による異議の内容その他必要な事項を記載した通知書により行うものとする。
2　前項の通知書の様式は、別記のとおりとする。
〔別記略〕

○読替後の法人税法等

——の部分は読み替えてある。

①　一般社団法人及び一般財団法人に関する法律

（住所）
第四条　一般社団法人及び一般財団法人の住所は、その主たる事務所の所在地にあるものとする。
（代表者の行為についての損害賠償責任）
第七十八条　一般社団法人は、代表理事その他の代表者がその職務を行うについて第三者に加えた損害を賠償する責任を負う。

② 法人税法

（寄附金の損金不算入）

第三十七条

4 第一項の場合において、同項に規定する寄附金の額のうちに、公共法人、公益法人等（別表第二に掲げる一般社団法人、一般財団法人及び労働者協同組合を除く。以下この項及び次項において同じ。）その他特別の法律により設立された法人のうち、教育又は科学の振興、文化の向上、社会福祉への貢献その他公益の増進に著しく寄与するものとして政令で定めるものに対する当該法人の主たる目的である業務に関連する寄附金（出資に関する業務に充てられることが明らかなもの及び前項各号に規定する寄附金に該当するものを除く。）の額があるときは、当該寄附金の額の合計額（当該合計額が当該事業年度終了の時の資本金の額及び資本準備金の額の合計額若しくは出資金の額又は当該事業年度の所得の金額を基礎として政令で定めるところにより計算した金額を超える場合には、当該計算した金額に相当する金額）は、第一項に規定する寄附金の額の合計額に算入しない。ただし、公益法人等が支出した寄附金の額については、この限りでない。

（各事業年度の所得に対する法人税の税率）

第六十六条 内国法人である普通法人（認可地縁団体を含む。）、一般社団法人等（別表第二に掲げる一般社団法人、一般財団法人及び労働者協同組合並びに公益社団法人及び公益財団法人をいう。次項及び第三項において同じ。）又は人格のない社団等に対して課する各事業年度の所得に対する法人税の額は、各事業年度の所得の金額に百分の二十三・二の税率を乗じて計算した金額とする。

2 前項の場合において、普通法人（認可地縁団体を含む。）若しくは一般社団法人等のうち、各事業年度終了の時において資本金の額若しくは出資金の額が一億円以下であるもの若しくは資本若しくは出資を有しないもの又は人格のない社団等の各事業年度の所得の金額のうち年八百万円以下の金額については、同項の規定にかかわらず、百分の十九の税率による。

3 公益法人等（認可地縁団体及び一般社団法人等を除く。）又は協同組合等に対して課する各事業年度の所得に対する法人税の額は、各事業年度の所得の金額に百分の十九の税率を乗じて計算した金額とする。

○通　知

①　地方自治法の一部を改正する法律等の施行について（抄）

〔平成三年四月二日　自治行第三七号
各都道府県知事あて　自治事務次官
通知〕

第六　補則に関する事項

いわゆる自治会、町内会等町又は字の区域その他市町村内の一定の区域に住所を有する者の地縁に基づいて形成された団体（以下「地縁による団体」という。）が当該団体の名義での不動産登記ができないことなどから財産上の種々の問題も生じているため、これらの制約を除去しうる途を開くよう法律上権利能力を付与するための所要の措置を講ずることとし、次のとおり定められたこと。

一　地縁による団体は、地域的な共同活動のための不動産又は不動産に関する権利等を保有するため市町村長の認可を受けたときは、その規約に定める目的の範囲内において、権利を有し、義務を負うこととされたこと。この場合、「権利を有し、義務を負う」とは、法律上の権利義務の主体となることを意味するものであること（法第二六〇条の二第一項）。

二　地縁による団体の認可は、左記(一)から(四)までのすべての要件を満たすものについて、その団体の代表者の申請に基づいて行われることとされたこと。

なお、前記の認可の申請は、あくまで当該団体の自主的な判断により行われるものであること。

(一)　その区域の住民相互の連絡、環境の整備、集会施設の維持管理等良好な地域社会の維持及び形成に資する地域的な共同活動を行うことを目的とし、現にその活動を行っていると認められること。

(二)　その区域が、住民にとって客観的に明らかなものとして定められていること。即ち、当該地縁による団体の構成員のみならず当該市町村内のその他の住民にとっても容易にその区域が認識できる区域であることを要するものであること。

(三)　その区域に住所を有するすべての個人は、構成員となることができるものとし、その相当数の者が現に構成員となっていること。

(四)　規約を定めていること。

なお、前記の規約には、①目的、②名称、③区域、④事務所の所在地、⑤構成員の資格に関する事項、⑥代表者に関する事項、⑦会議に関する事項、⑧資産に関する事項を記載すべきものであること。

（法第二六〇条の二第二項及び第三項）

三　地縁による団体の区域は、当該団体が相当の期間にわたって存続している区域の現況によらなければならないものとされたこと（法第二六〇条の二第四項）。

四　認可の申請を行った地縁による団体が、法第二六〇条の二第二項各号に掲げるすべての要件を満たす場合は、認可を行わなければならないものであること（法第二六〇条の二第五項）。

五　地縁による団体の区域に住所を有するすべての個人は、構成員となることができることが認可の要件とされており、認可を受けた地縁による団体は、正当な理由がない限り、その区域に住所を有する個人の加入を拒んではならないものであること（法第二六〇条の二第七項）。

六　市町村長は、法第二六〇条の二第一項の認可をしたときは、則第一九条の定めるところにより告示しなければならないこととされたこと。この告示は、法人登記に代わるものであるため、取引の安全の確保の観点から、遅滞なく行わなければならないものであること（法第二六〇条の二第一〇項、則第一九条）。

七　市町村長は、請求に応じ告示した事項に関する証明書の交付をしなければならないが、この交付事務については、法第二二八条の規定に基づき条例で定めるところにより手数料を徴することができるものであること。なお、郵送により証明書の交付を請求する者は、手数料のほか郵送料を納付して、その送付を請求することができるものであること（法第二六〇条の二第一二項）。

八　市町村長は、認可を受けた地縁による団体が法第二六〇条の二第二項各号に掲げる要件のいずれかを欠くこととなったとき、又は不正な手段によって認可を受けたときは、認可を取り消すことができるものであること（法第二六〇条の二第一四項）。

九　認可を受けた地縁による団体の代表者又は清算人に科される過料は、非訟事件手続法（明治三一年法律第一四号）により裁判所が科することとされたこと（法第二六〇条の二第一六項）。

②　地方自治法の一部を改正する法律等の施行について（抄）

〔平成三年四月二日　自治行第三八号
各都道府県総務部長あて　自治省行政局行政課長通知〕

第五　地縁による団体に関する事項

いわゆる自治会、町内会等の地縁による団体については、当該団体の名義での不動産登記ができないことなど財産上の問題等種々の制約があり、これらの制約を除去し得る途を開くことにより地縁による団体が活動しやすくなるように、法律上権利能力を付与するための所要の措置が講じられたが、これらの措置については、以下に留意されたいこと。

一　法第二六〇条の二第一項の「住所」とは、法第一〇条第一項に規定する「住所」であること。

二　法第二六〇条の二第一項の「不動産又は不動産に関する権利等」とは、以下のものとするものであること。

㈠　不動産登記法（明治三二年法律第二四号）第一条各号に掲

げる土地及び建物に関する権利

㈡　立木ニ関スル法律（明治四二年法律第二二号）第一条第一項に規定する「立木」の所有権、抵当権

㈢　登録を要する金融資産

三　法第二六〇条の二第二項の認可の申請を行おうとする地縁による団体は、当該団体の総会において認可を申請する旨の決定を行うものとすること。この場合、認可の申請は、地方自治法施行規則（昭和二二年内務省令第二九号。以下「則」という。）第一八条に定める手続及び申請書類により行うものであり、保有資産目録又は保有予定資産目録を提出しなければならないものであること。

四　法第二六〇条の二第一項の認可は、同条第二項各号に掲げる要件に該当するかどうかについて確認の上行うものであるが、同項第一号の要件は地縁による団体の活動の実績を示す報告書等により、同項第三号の要件は構成員の住所が記載された構成員の名簿により確認するものであること。

五　法第二六〇条の二第二項第二号の「その区域が、住民にとつて客観的に明らかなものとして定められていること」とは、例えば、河川、道路等により区域が画されていることなどをいうものであること。

六　法第二六〇条の二第一項の認可を受ける地縁による団体の構成員は、当該団体の区域内に住所を有する個人に限られているが、このことは、区域内に住所を有する法人、組合等の団体が賛助会員等になることを妨げるものではないこと。

七　法第二六〇条の二第三項各号の事項については、次のことに留意するものであること。

㈠　第一号の「目的」は、地縁による団体の権利能力の範囲を明確にする程度に活動内容をできる限り具体的に定めることが望ましいこと。

㈡　第四号の「事務所」とは、地縁による団体について一を限り設けられた主たる事務所をいうものであり、この所在地が当該地縁による団体の住所となるものであること。

㈢　第五号の「構成員の資格に関する事項」においては、区域に住所を有する個人が全て地縁による団体の構成員となり得ること及び当該地縁による団体は正当な理由がない限り区域に住所を有する個人の加入を拒んではならないことを必ず定めなければならないものであること。

八　法第二六〇条の二第四項に規定する「相当の期間」とは、地域の実情に即して判断されるべきであるが、一般的には認可申請を行う地縁による団体が当該区域において安定的に存在していると認められる期間をいうものであること。

九　法第二六〇条の二第七項に規定する「正当な理由」とは、その者の加入によって、良好な地域社会の維持及び形成に資する地域的な共同活動を行うことを目的とする当該地縁による団体の目的及び活動が、著しく阻害されることが明らかであると認められる場合など、その者の加入を拒否することについて、社会通念上も、また、同条第二項第三号の規定の趣旨からも客観的に妥当と認められる理由がある場合をいうものであること。

一〇　法第二六〇条の二第九項の規定は、同条第一項の認可を受けた地縁による団体が、特定の政党のために利用されてはならないことを定めているものであること。

一一　法第二六〇条の二第一二項の規定による証明書の交付は、則第二一条に定める台帳の写しを交付することにより行うものであること。なお、この台帳は、永久保存すべきものであること。

一二　法第二六〇条の二第一五項の規定において民法（明治二九年法律第八九号）第六七条は準用されていないところであり、市町村長は法第二六〇条の二第一項の認可を受けた地縁による団体に対して一般的監督権限を有しないものであること。

③　地方自治法施行規則の一部を改正する省令の公布等について

（平成二〇年一一月六日　総行行第一五〇号　各都道府県総務部長あて　総務省自治行政局行政課長通知）

地方自治法施行規則の一部を改正する省令（平成二〇年総務省令第一一八号。以下「改正規則」という。）は、平成二〇年一一月六日に公布され、一般社団法人及び一般財団法人に関する法律及び公益社団法人及び公益財団法人の認定等に関する法律の施行に伴う関係法律の整備等に関する法律（平成一八年法律第五〇号。以下「整備法」という。）の施行に伴う改正については平成二〇年一二月一日から、別記歳入歳出予算の款項の区分及び目の区分の改正については平成二一年四月一日から施行されることとなりました。

今般の改正は、地縁による団体が市町村長に対して行う認可申請手続や当該市町村における事務等について必要な規定の整備を行ったものです。

貴職におかれては、下記事項に示した事項に留意の上、適切な運用がなされるよう格別の配慮をお願いします。

なお、貴都道府県内の市町村に対してもこの旨周知願います。

記

一　整備法が平成一八年六月二日に公布され、これにより地方自治法（昭和二二年法律第六七号）の一部が改正され、並びに、一般社団法人及び一般財団法人に関する法律等の施行に伴う関係政令の整備等に関する政令（平成一九年政令第三九号）により地方自治法施行令（昭和二二年政令第一六号）の一部が改正され、ともに平成二〇年一二月一日から施行されること。

二　整備法による改正前の地方自治法第二六〇条の二第一五項の規定により、民法（明治二九年法律第八九号）及び非訟事件手続法（明治三一年法律第一四号）の規定を同条第一項の認可を受けた地縁による団体（以下「認可地縁団体」という。）に準用していたが、改正後は、地方自治法第二六〇条の二第一五項において一般社団法人及び一般財団法人に関する法律（平成一八年法律第四八号）第四条及び第七八条の規定を認可地縁団体に準用することとし、さらに、その他の準用規定を地方自治法に書き下ろすこととし別個の条項（第二六〇条の三～第二六〇条の三九）として整備したため、地縁による団体が市町村長に対して行う認可申請等に係る規定や認可地縁団体の規約等において改正前の地方自治法等を引用している規定がある場合には、所要の規定の整備を行うことが必要となること。

三　改正規則による改正前の地方自治法施行規則（以下「旧規則」という。）に基づく申請、届出、告示等及び旧規則に基づき、市町村長が作成する別記台帳様式（旧規則第二一条関係）については、経過措置として、改正後の地方自治法施行規則中の相当する規定に基づくものとみなして取り扱うことができることとしていること（附則第二条関係）。

④　地縁による団体に係る認可事務について（通知）

（平成二一年四月一日　総行行第四一号　各都道府県総務部長あて　総務省自治行政局行政課長通知）

標記のことについては、平成三年四月二日付け自治省行政課長通知により、従来より適切な対応をお願いしているところでありますが、このたび、道州制特別区域における広域行政の推進に関する法律（平成一八年法律第一一六号）第六条第三項の規定に基づき、道州制特別区域基本方針（平成一九年一月三〇日閣議決定。以下「基本方針」という。）の一部が変更され、平成二一年三月二七日に別添のとおり閣議決定されました。

今般の基本方針の変更は、地方自治法（昭和二二年法律第六七号。以下「法」という。）第二六〇条の二第一項に規定する地縁による団体（以下「地縁による団体」という。）の地域的な共同活動の実態等を踏まえ、同条同項に規定する「不動産又は不動産に関する権利等」の対象とする範囲を改めること等の広域行政の推進に関し政府が講ずべき措置を新たに定めること等を内容とするものです。

このため、前記行政課長通知中記の第５二については、本通知によることとしましたので、貴職におかれては、下記事項に留意の上、適切な運用がなされるよう格別の配慮をされるとともに、貴都道府県内の市町村に対してもこの旨周知願います。

なお、本通知は、法第二四五条の四第一項の規定に基づく技術的な助言であることを申し添えます。

記

一　法第二六〇条の二第一項の「不動産又は不動産に関する権利等」とは、以下のものとするものであること。

㈠　不動産登記法（平成一六年法律第一二三号）第三条各号に掲げる土地及び建物に関する権利

㈡　立木ニ関スル法律（明治四二年法律第二二号）第一条第一項に規定する「立木」の所有権、抵当権

㈢　登録を要する金融資産

㈣　その他地域的な共同活動に資する資産であって、登録を要

する資産

二　一㈣の対象となる資産としては、例えば、地縁による団体が地域社会の維持形成のため、当該区域において実施する除雪のための車両等を想定しているが、法第二六〇条の二第二項に規定する認可の要件等を十分に踏まえ、各市町村の地域の実情に応じて適切に判断する必要があること。

三　一㈣の資産については、法第二六〇条の二第二項に基づき、地縁による団体の代表者が申請を行う場合に、不動産又は不動産に関する権利等を将来確実に保有することを予定している団体にあっては、認可を行い得るものであること。

四　法第二六〇条の二第一項の認可を受けた地縁による団体（以下「認可地縁団体」という。）の財産の取得は、認可地縁団体の規約に定める目的の範囲内であれば制限されていないこと。

⑤　地方自治法施行令等の一部を改正する政令等の公布について（通知）（抄）

（平成二七年一月三〇日付け総行行第二二号、総行住第一一号、総行市第九号
総務省自治行政局長通知）

第四　認可地縁団体が所有する不動産に係る登記の特例に関する事項

㈠　法第二六〇条の三八第一項に規定する申請は、認可地縁団体の代表者が、申請書に①所有権の保存又は移転の登記をしようとする不動産（以下「申請不動産」という。）の登記事項証明書、②地方自治法施行規則（昭和二二年内務省令第二九号。以下「則」という。）第一八条の規定により提出した保有資産目録等、③申請者が代表者であることを証する書類、④法第二六〇条の三八第一項各号に掲げる事項を疎明するに足りる資料を添え、当該認可地縁団体の区域を包括する市町村の長に対し行うものとされたこと。（則第二二条の二関係）

㈡　法第二六〇条の三八第二項に規定する公告は、①申請を行った認可地縁団体の名称、区域及び主たる事務所、②申請書に記載された申請不動産に関する事項、③申請不動産の所有権の保存又は移転の登記をすることについて異議を述べることができる者の範囲は、申請不動産の表題部所有者若しくは所有権の登記名義人若しくはこれらの相続人又は申請不動産の所有権を有することを疎明する者（以下「登記関係者等」という。）である旨、④異議を述べることができる期間及び方法に関する事項について行うものとされたこと。（則第二二条の三第一項関係）

なお、当該公告は、各市町村の掲示場に掲示する等の方法とともに、異議を述べることができる登記関係者等が当該市町村の区域内のみならず全国に存在しうると考えられるため、官報、インターネットの利用その他の適切な方法により、全国的に公告することが望ましいこと。

㈢　法第二六〇条の三八第二項の規定により異議を述べようとする登記関係者等は、異議を述べる旨及びその内容を記載した申出書に申請不動産の登記事項証明書、住民票の写しその他の市

町村長が必要と認める書類を添えて行うものとされたこと。
（則第二二条の三第二項関係）

㈣　法第二六〇条の三八第四項に規定する証する情報の提供は、則第二二条の三第一項第二号に掲げる申請不動産に関する事項その他必要な事項を記載した書面により行うものとされたこと。
（則第二二条の四関係）

㈤　法第二六〇条の三八第五項に規定する通知は、則第二二条の三第二項の規定による異議の内容その他必要な事項を記載した通知書により行うものとされたこと。（則第二二条の五関係）

なお、当該通知書には異議を述べた者の個人情報が含まれているため、通知書の送付に当たっては、各市町村の個人情報保護条例等に照らして適切に取り扱うこと。

⑥　地方自治法の一部を改正する法律等の施行における留意事項（認可地縁団体関係）について（通知）

（平成二七年二月二七日　総行住第一九号
各都道府県総務担当部局長あて
総務省自治行政局住民制度課長通知）

地方自治法の一部を改正する法律（平成二六年法律第四二号）及び地方自治法施行規則等の一部を改正する省令（平成二七年総務省令第三号）の施行について、認可地縁団体が所有する不動産に係る登記の特例に関する事項は平成二七年四月一日から施行されますが、当該事項の法令の解釈及び運用上の留意事項について下記のとおり通知します。

貴職におかれましては、下記事項に御留意の上、適切な運用がなされるよう格別の配慮をされるとともに、貴都道府県内の市区町村に対してもこの旨周知くださるようお願いします。

なお、本通知は、地方自治法（昭和二二年法律第六七号。以下「法」という。）第二四五条の四第一項に基づく技術的助言であることを申し添えます。

記

第一　法第二六〇条の三八第一項関係

一　申請に当たっては、法第二六〇条の三八に規定する認可地縁団体が所有する不動産に係る登記の特例（以下「特例制度」という。）の対象とする不動産（以下「申請不動産」という。）について、申請書の記載事項に誤りがないよう添付書類の登記事項証明書の記載事項と突合すること。

なお、「別記様式に記載する『申請不動産に関する事項』の記載要領」（別紙）を参考にされたい。

二　地方自治法施行規則（昭和二二年内務省令第二九号。以下「則」という。）第二二条の二第一項第二号の保有資産目録又は保有予定資産目録は、則第一八条の規定により地縁による団体の代表者が認可の申請を行う際に提出したものを指すこと。

当該書面に申請不動産の記載があることを確認し、記載がない場合には、申請不動産の所有に至った経緯等について、別の総会議決資料等を用いて確認すること。

三　則第二二条の二第一項第四号に規定する法第二六〇条の三八第一項各号に掲げる事項を疎明するに足りる資料としては、以下の資料が想定されること。

㈠　法第二六〇条の三八第一項第一号及び第二号関係

認可地縁団体による申請不動産の所有の事実に加え、民法（明治二九年法律第八九号）第一八六条の規定により、①占有者は、所有の意思をもって、善意で、平穏に、かつ、公然と占有するものと推定されること、②前後の両時点において占有をした証拠があるときは、占有は、その間継続したものと推定されることを踏まえ、本件申請時点とその一〇年以上前の時点における認可地縁団体の申請不動産の占有事実を疎明するに足りる資料が必要であること。

これらは、申請不動産の所有又は占有に係る事実が記載された認可地縁団体の事業報告書等により、認可地縁団体が申請不動産を所有又は占有している事実を確認した上で、以下の資料と併せて疎明することが可能と考えられること。

なお、以下の資料の宛先又は名義が認可地縁団体の構成員又はかつて当該認可地縁団体の構成員であった者となっている場合には、その趣旨が当該認可地縁団体を宛先又は名義とすることができなかったために、便宜上、上記のような宛先又は名義となっていることについて、当該認可地縁団体に対し確認する必要があると考えられること。

・公共料金の支払領収書
・閉鎖登記簿の登記事項証明書又は謄本
・旧土地台帳の写し
・固定資産税の納税証明書
・固定資産課税台帳の記載事項証明書　等

これらの入手が困難な場合は、認可地縁団体が申請不動産を所有又は占有していることについて、申請不動産の隣地の所有権の登記名義人や申請不動産の所在地に係る地域の実情に精通した者等（以下「精通者等」という。）の証言を記載した書面や、認可地縁団体による申請不動産の占有を証する写真等により疎明することが可能と考えられるが、上記資料の入手が困難な理由書を提出させることが適当であること。

㈡　第二六〇条の三八第一項第三号関係

申請不動産の表題部所有者又は所有権の登記名義人の全てが認可地縁団体の構成員又はかつて当該認可地縁団体の構成員であった者であることについて、以下の資料により疎明することが可能と考えられること。

・認可地縁団体の構成員名簿
・市区町村が保有する地縁団体台帳
・墓地の使用者名簿（申請不動産が墓地である場合）等

これらの入手が困難な場合は、申請不動産の表題部所有者又は所有権の登記名義人の全てが認可地縁団体の構成員又はかつて当該認可地縁団体の構成員であった者であることについて、申請不動産の所在地に係る精通者等の証言を記載した書面等により疎明することが可能と考えられるが、上記資料の入手が困難な理由書を提出させることが適当であること。

(三) 法第二六〇条の三八第一項第四号関係

申請不動産の登記関係者（表題部所有者若しくは所有権の登記名義人又はこれらの相続人をいう。以下同じ。）の全部又は一部の所在が知れないことについては、以下の資料により疎明することが可能と考えられること。

・登記記録上の住所の属する市区町村の長が、当該市区町村に登記関係者の「住民票」及び「住民票の除票」が存在しないことを証明した書面

・登記記録上の住所に宛てた登記関係者宛の配達証明付き郵便が不到達であった旨を証明する書面

・申請不動産の所在地に係る精通者等が、登記関係者の現在の所在を知らない旨の証言を記載した書面

なお、全部又は一部の所在が知れないこととは、全部の所在が知れていること以外は全て含まれることとなるため、登記関係者のうち少なくとも一人について、所在の確認を行った結果、所在が知れないことを疎明するに足りる資料を添付できれば当該要件を満たすこととなること。

この場合において、認可地縁団体が当該事項を疎明するに当たっては、所在が判明している登記関係者から、特例制度の申請を行うことについての同意を得ておくことが望ましいと考えられること。

第二　法第二六〇条の三八第二項関係

一　則第二二条の三第一項第四号の異議を述べることができる期間とは、三月以上の各市区町村において定めた公告の期間であること。

二　則第二二条の三第一項第四号に規定する異議を述べることができる方法とは、則第二二条の三第二項及び第三項の規定により異議を述べる者が行うべき手続のことをいうものであること。

なお、後述四のとおり申出書への添付が必要な書類は登記関係者等（登記関係者又は申請不動産の所有権を有することを疎明する者をいう。以下同じ。）の別により異なることから、登記関係者等が異議を述べるに当たり認知できるようにしておく必要があると考えられること。

三　則第二二条の三第二項に規定する申出書の提出を受けるに当たっては、当該申出書に記載された事項について、その後の当事者間での協議等を円滑にするため、法第二六〇条の三八第五項の規定により認可地縁団体に通知される旨（申出書様式の（注）を参照）説明すること。

四　則第二二条の三第二項に規定する「登記事項証明書、住民票の写しその他の市町村長が必要と認める書類」とは、市区町村長において、異議を述べる者が登記関係者等であること及び申出書に記載された氏名及び住所を確認できる書類であり、主として以下のものを想定していること。

なお、原則として、「申請不動産の所有権を有することを疎明する者」は、登記関係者以外の者であること。

また、登記関係者等の別については、異議を述べる者において、申出書様式中「二　異議を述べる登記関係者等の別」に記載（該当する項目にチェック等を付すことで対応可）すること。

なお、当該申出書に記載された登記関係者等の別については、市区町村長において、則第二二条の五第二項に規定する通知書様式中「二㈠登記関係者等の別」にも記載すること。

登記関係者等の別	登記関係者等である旨	申請書に記載された氏名及び住所
表題部所有者又は所有権の登記名義人	登記事項証明書	住民票の写し 戸籍の附票の写し
表題部所有者又は所有権の登記名義人の相続人	登記事項証明書 戸籍謄抄本	
所有権を有することを疎明する者	所有権を有することを疎明するに足りる資料	

第三　その他

一　特例制度は、認可地縁団体が所有する不動産について、その所有権の保存又は移転の登記を認可地縁団体のみの申請により可能とするものであるが、不動産登記は対抗要件としての公示制度と位置づけられるものであり、当該不動産の所有権の有無を確定させるものではないこと。

二　特例制度は、法第二六〇条の三八第二項の公告の結果、法第二六〇条の三八第四項に規定する証する情報を提供された認可地縁団体は、法第二六〇条の三九の規定に基づき不動産登記法（平成一六年法律第一二三号）の特例を享受できることとなり、特定の者のためにする事務であることから、法第二六〇条の三八第四項の規定により当該証する情報を提供する事務については、法第二二七条の規定により手数料を徴収することが可能と考えられること。

また、当該手数料の額を定めるに当たっては、申請不動産が地域的な共同活動を行うための不動産であることを考慮すること。

三　則第二二条の二、第二二条の三第二項及び第三項、第二二条の四並びに第二二条の五は、行政手続等における情報通信の技術の利用に関する法律（平成一四年法律第一五一号）及び総務省関係法令に係る行政手続等における情報通信の技術の利用に関する法律施行規則（平成一五年総務省令第四八号）の適用があること。

なお、不動産登記法第一八条第一号に基づき登記の電子申請が可能となっていることを踏まえ、法第二六〇条の三八第四項に規定する証する情報を電磁的記録により提供するに当たっては、認可地縁団体がその所有する不動産について、所有権の保存又は移転の登記の電子申請をする場合において、不動産登記令（平成一六年政令第三七九号）第一二条第二項に規定する要件を満たすよう、当該証する情報に電子署名を行う等登記の電子申請において支障のないよう留意すること。

〔別紙略〕

⑦ 新型コロナウイルス感染症の拡大に伴う認可地縁団体における総会等の開催方法の取扱いについて（通知）

（令和二年三月一九日 各都道府県市区町村担当課あて 総務省自治行政局市町村課事務連絡）

この度の新型コロナウイルス感染症の拡大を受け、地方自治法（昭和二二年法律第六七号）第二六〇条の二第一項の規定により認可を受けた地縁による団体における総会等の開催方法の取扱いについて、関係団体からの問い合わせがあることから、別添のとおりQ&Aを作成しましたのでお知らせします。

貴職におかれましては、貴都道府県域内の市町村に周知していただくようお願いします。

【別添】

問　新型コロナウイルスの感染症の拡大を受けて、認可地縁団体の総会等の開催方法について、どのように対応すればよいでしょうか。

答　認可地縁団体の代表者は、少なくとも毎年一回、構成員の通常総会を開かなければならないとされていますが（法第二六〇条の一三）、総会に出席しない構成員は、書面で、又は代理人によって表決をすることが可能とされています（法第二六〇条の一八第二項）。

なお、認可地縁団体の構成員は多数に及ぶことに留意が必要ですが、例えば、総会に出席せず、書面で、又は代理人によって表決をする構成員が相当数見込まれる状況において、実際に集まらずとも、出席者が一堂に会するのと同等に、相互に議論できる環境であれば、Ｗｅｂ会議、テレビ会議、電話会議などにより総会を開催することも可能と解されます。

また、規約により役員会を設置するものとされている場合にも、同様の環境であれば、Ｗｅｂ会議、テレビ会議、電話会議などにより役員会を開催することが可能と解されます。

⑧　地方自治法施行規則及び市町村の合併の特例に関する法律施行規則の一部を改正する省令の公布等について（抄）

（令和二年一二月二八日
総行行第三一六号　総行市第一〇九号
各都道府県知事　各都道府県議会議長
各指定都市市長　各指定都市議会議長あて
総務省自治行政局長通知）

地方自治法施行規則及び市町村の合併の特例に関する法律施行規則の一部を改正する省令（令和二年総務省令第一三一号）が本日公布され、令和三年一月一日から施行されます。

貴職におかれては、下記事項に御留意の上、その円滑な施行に向け、格別の配慮をされるとともに、各都道府県知事におかれては、貴都道府県内の指定都市を除く市区町村の長及び議会の議長に対してもこの旨周知願います。

なお、各市区町村に対して地域の元気創造プラットフォームにおける調査・照会システムを通じて本通知についての情報提供を行っていること、及び本通知は地方自治法（昭和二二年法律第六七号）第二四五条の四第一項に基づく技術的な助言であることを申し添えます。

記

第一　地方自治法施行規則に関する事項

六　認可地縁団体に係る認可申請書の記載事項が変更され、押印が不要とされたこと。（地方自治法施行規則第一八条第二項の別記様式関係）

七　認可地縁団体に係る告示事項変更届出書の記載事項が変更され、押印が不要とされたこと。（地方自治法施行規則第二〇条第二項の別記様式関係）

八　認可地縁団体に係る規約変更認可申請書の記載事項が変更され、押印が不要とされたこと。（地方自治法施行規則第二二条第二項の別記様式関係）

九　認可地縁団体に係る所有不動産の登記移転等に係る公告申請書の記載事項が変更され、押印が不要とされたこと。（地方自治法施行規則第二二条の二第二項の別記様式関係）

一〇　認可地縁団体に係る申請不動産の登記移転等に係る異議申出書の記載事項が変更され、押印が不要とされたこと。（地方自治法施行規則第二二条の三第三項の別記様式関係）

第三　施行期日

令和三年一月一日から施行されること。

第四　経過措置に関する事項

一　第一及び第二に関する事項については、この省令の施行の際現にあるこの省令による改正前の様式（次項において「旧様式」という。）により使用されている書類は、この省令による改正後の様式によるものとみなすこと。

二　第一及び第二に関する事項については、この省令の施行の際現にある旧様式による用紙については、当分の間、これを取り繕って使用することができること。

⑨　地域の自主性及び自立性を高めるための改革の推進を図るための関係法律の整備に関する法律による地方自治法の改正について（通知）

（令和三年五月二六日
総行市第四八号
各都道府県知事　各都道府県議会議長
各指定都市市長　各指定都市議会議長あて
総務省自治行政局長通知）

このたび、第二〇四回国会において「地域の自主性及び自立性を高めるための改革の推進を図るための関係法律の整備に関する法律（令和三年法律第四四号）」（以下「第一一次一括法」という。）が成立し、令和三年五月二六日に公布されました。これは、令和二年一二月一八日に閣議決定された「令和二年の地方からの提案等に関する対応方針」を踏まえ、所要の措置を講ずるものです。

認可地縁団体制度関係では、第一一次一括法により地方自治法（昭和二二年法律第六七号。以下「法」という。）が改正され、第一一次一括法の公布の日から六月を経過した日から施行することとされました。

貴職におかれては、下記事項に留意の上、その円滑な施行に向け、格別の配慮をされるとともに、各都道府県知事におかれては、貴都道府県内の指定都市を除く市町村長及び市町村議会議長に対してもこの旨周知願います。

第一一次一括法の施行に伴う必要な省令の改正については、追ってこれを行い、別途通知する予定です。
なお、各市町村に対して地域の元気創造プラットフォームにおける調査・照会システムを通じて本通知についての情報提供を行っていること、及び本通知は法第二四五条の四第一項に基づく技術的な助言であることを申し添えます。

記

第一　改正の概要（第一一次一括法第一条関係）
認可地縁団体の認可の目的について不動産等の保有を前提としないものに見直し、地縁による団体は、不動産等の保有の有無にかかわらず、地域的な共同活動を円滑に行うため市町村長の認可を受けることができるものとしたこと。（法第二六〇条の二関係）

第二　施行期日等
一　施行期日（第一一次一括法附則第一条関係）
第一一次一括法による認可地縁団体制度に関する規定は、公布の日から起算して六月を経過した日から施行することとしたこと。
二　経過措置（第一一次一括法附則第三条関係）
本改正後の法第二六〇条の二第一項の規定は、施行の際、現に法第二六〇条の二第二項の申請をしている地縁による団体についても適用があるものとしたこと。

第三　その他の事項
一　各市町村においては、管内の自治会等の地縁による団体への周知等が必要になるものと考えられること。
二　認可地縁団体に関する要綱、手引き等を定めている市町村においては、それらの改定等が必要になるものと考えられること。
三　「令和三年度税制改正の大綱」（令和二年一二月二一日閣議決定）において、地方自治法の改正により、認可地縁団体の認可の目的を見直し、不動産等を保有する予定の有無にかかわらず、地域的な共同活動を円滑に行うために設立できるものとする場合には、不動産等の保有予定のない認可地縁団体についても、従来の認可地縁団体に関する税制度と同様の措置を適用することとしていること。
なお、市町村によっては、認可地縁団体に係る課税に関して条例の改正等が必要になる場合がありうること（例えば、これまで管内に認可地縁団体がなかったため、税条例等の中に認可地縁団体に係る規定がなかったが、本改正を機に当該規定を加える市町村等）。

【別添略】

⑩ デジタル社会の形成を図るための関係法律の整備に関する法律による地方自治法の改正等について（抄）

（令和三年五月三一日
総行行第一八六号　総行市第五一号
各都道府県知事　各都道府県議会議長
各指定都市市長　各指定都市議会議長あて
総務大臣通知）

デジタル社会の形成を図るための関係法律の整備に関する法律（令和三年法律第三七号。以下「デジタル社会形成整備法」という。）が令和三年五月一九日に公布され、この法律により、地方自治法（昭和二二年法律第六七号）の一部が改正（以下「新法」という。）されます。

デジタル社会形成整備法は、「経済財政運営と改革の基本方針二〇二〇」（令和二年七月一七日閣議決定）等を踏まえ、国民の負担軽減及び利便性の向上に資するため、押印を求める手続についてその押印を不要とするとともに、書面の交付等を求める手続について電磁的方法により行うことを可能とする等の措置を講ずることを目的とするものです。

貴職におかれては、下記事項に御留意の上、その円滑な施行に向け、格別の配慮をされるとともに、各都道府県知事におかれては、貴都道府県内の指定都市を除く市区町村長及び市区町村議会議長に対してもこの旨周知願います。

また、新法の施行に伴い、今後、必要な政省令の改正等を行うこととしており、これに係る留意事項については、別途通知する予定です。

なお、本通知は、地方自治法第二四五条の四第一項に基づく技術的な助言であることを申し添えます。

記

第一　地方自治法の一部改正に関する事項

一　改正の概要

2　認可地縁団体の総会に出席しない構成員による表決権の行使の電子化

認可地縁団体の総会に出席しない構成員は、規約又は総会の決議により、書面による表決に代えて、電磁的方法により表決をすることができるものとされたこと。（新法第二六〇条の一八関係）

3　その他所要の改正を行うものとされたこと。

二　施行期日

新法は、令和三年九月一日から施行するものとされたこと。

（デジタル社会形成整備法附則第一条関係）

⑪　地方自治法施行規則の一部を改正する省令の公布について（通知）

（令和三年九月一日
総行市第八五号
各都道府県知事　各都道府県議会議長
各指定都市市長　各指定都市議会議長あて
総務省自治行政局長通知）

デジタル社会の形成を図るための関係法律の整備に関する法律（令和三年法律第三七号。以下「デジタル社会形成整備法」という。）が令和三年五月一九日に、地域の自主性及び自立性を高めるための改革の推進を図るための関係法律の整備に関する法律（令和三年法律第四四号。以下「第一一次一括法」という。）が令和三年五月二六日にそれぞれ公布され、これらの法律により、地方自治法（昭和二二年法律第六七号。以下「法」という。）の一部が改正されました。

具体的には、デジタル社会形成整備法による法の改正により、認可地縁団体の総会に出席しない構成員は、規約又は総会の決議により、書面による表決に代えて、電磁的方法により表決をすることができるものとされ、第一一次一括法による法の改正により、認可地縁団体の認可の目的を見直し、地縁による団体は、不動産等の保有の有無にかかわらず、地域的な共同活動を円滑に行うため市町村長の認可を受けることができるものとされたところです。

上記改正に伴い、このたび、地方自治法施行規則の一部を改正する省令（令和三年総務省令第九一号）が公布され、下記第二に掲げる日から施行されます。

貴職におかれては、下記事項に御留意の上、その円滑な施行に向け、格別の配慮をされるとともに、各都道府県知事におかれては、貴都道府県内の指定都市を除く市町村の市町村長及び市町村議会議長に対してもこの旨周知願います。

なお、各市町村に対して地域の元気創造プラットフォームにおける調査・照会システムを通じて本通知についての情報提供を行っていること、及び本通知は法第二四五条の四第一項に基づく技術的な助言であることを申し添えます。

記

第一　地方自治法施行規則（昭和二二年内務省令第二九号。以下「規則」という。）の一部改正に関する事項

一　デジタル社会形成整備法による法の改正に伴うもの

法第二六〇条の一八第三項に規定する電磁的方法について、次に掲げる方法とすること。なお、いずれの方法についても、受信者がファイルへの記録を出力することにより書面を作成することができるものでなければならないものとすること。（改正後の規則第二二条の二関係）

㈠　電子情報処理組織を使用する方法のうち、

ア　送信者の使用に係る電子計算機と受信者の使用に係る電子計算機とを接続する電気通信回線を通じて送信し、受信者の使用に係る電子計算機に備えられたファイルに記録す

る方法

イ　送信者の使用に係る電子計算機に備えられたファイルに記録された情報の内容を電気通信回線を通じて情報の提供を受ける者の閲覧に供し、当該情報の提供を受ける者の使用に係る電子計算機に備えられたファイルに当該情報を記録する方法

㈡　磁気ディスクその他これに準ずる方法により一定の情報を確実に記録しておくことができる物をもって調製するファイルに情報を記録したものを交付する方法

二　第一一次一括法による法の改正に伴うもの

㈠　法第二六〇条の二第二項に規定する申請において、同条第一項に規定する地縁による団体の代表者が申請書に添える書類について、保有資産目録及び保有予定資産目録を不要とするとともに申請書の様式を改正するものとすること。（改正後の規則第一八条第一項及び第二項関係）

㈡　法第二六〇条の三八第一項に規定する申請において、認可地縁団体の代表者が申請書に添える書類について、保有資産目録及び保有予定資産目録を不要とし、申請不動産に関し、同項に規定する申請をすることについて総会で議決したことを証する書類を加えるとともに申請書の様式を改正するものとすること。（改正後の規則第二二条の二の二関係）

第二　施行期日に関する事項

第一における一について、令和三年九月一日から施行するものとすること。

第一における二について、令和三年一一月二六日から施行するものとすること。

第三　経過措置に関する事項

第一一次一括法による改正前の法第二六〇条の二第一項の規定により認可を受けた認可地縁団体に係るこの省令による改正後の規則第二二条の二の二第二号の書類は、この省令による改正前の規則第一八条第四号に規定する保有資産目録又は保有予定資産目録に申請不動産の記載があるときは、当該目録をもってこれに代えることができるものとすること。

第四　その他

第一における一について、電磁的方法に該当し得るものとしては、電子メールなどによる送信、ウェブサイト、アプリケーションを利用した表決、情報をディスク等に記録して、当該ディスク等を交付する方法等があること。

⑫ 地域の自主性及び自立性を高めるための改革の推進を図るための関係法律の整備に関する法律による地方自治法の改正について（通知）

（令和四年五月二〇日
総行市第五六号
各都道府県知事　各都道府県議会議長
各指定都市市長　各指定都市議会議長あて
総務省自治行政局長通知）

このたび、第二〇八回国会において「地域の自主性及び自立性を高めるための改革の推進を図るための関係法律の整備に関する法律（令和四年法律第四四号）」（以下「第一二次一括法」という。）が成立し、本日公布されました。これは、令和三年一二月二一日に閣議決定された「令和三年の地方からの提案等に関する対応方針」を踏まえ、所要の措置を講ずるものです。

第一二次一括法により地方自治法（昭和二二年法律第六七号）の一部が改正されます。

貴職におかれては、下記事項に留意の上、その円滑な施行に向け、格別の配慮をされるとともに、各都道府県知事におかれては、貴都道府県内の指定都市を除く市町村の長及び議会の議長に対してもこの旨周知願います。

第一二次一括法の施行に伴う必要な省令の改正については、追ってこれを行い、別途通知する予定です。

なお、本通知は地方自治法第二四五条の四第一項に基づく技術的な助言であることを申し添えます。

記

第一　改正の概要（第一二次一括法第一条関係）

一　認可地縁団体における書面又は電磁的方法による決議の規定の創設（改正後の地方自治法（以下「新法」という。）第二六〇条の一八及び第二六〇条の一九の二関係）

地方自治法又は規約により認可地縁団体の総会において決議をすべき場合において、構成員全員の承諾があるときは、書面又は電磁的方法による決議をすることができるものとしたこと。

地方自治法又は規約により認可地縁団体の総会において決議すべきものとされた事項について、構成員全員の書面又は電磁的方法による合意があったときは、書面又は電磁的方法による決議があったものとみなすものとしたこと。

二　認可地縁団体の解散に伴う清算人による債権者に対する債権の申出の催告に関する公告の回数の見直し（新法第二六〇条の二八関係）

認可地縁団体が解散したときの清算人による債権者に対する債権の申出の催告に関する公告について、その回数を三回以上から一回としたこと。

三　認可地縁団体同士の合併の規定の創設（新法第二六〇条の二〇、第二六〇条の二四、第二六〇条の三一、第二六〇条の三八から第二六〇条の四五まで及び第二六〇条の四八関係）

認可地縁団体は、同一市町村内の他の認可地縁団体と合併することができるものとしたこと。

第二　施行期日等

一　施行期日（第一二次一括法附則第一条関係）

第一二次一括法（地方自治法関係）は、次に掲げる日から施行するものとされたこと。

一　上記第一の一及び二に関する規定　公布の日から起算して三月を経過した日（令和四年八月二〇日）

二　上記第一の三に関する規定　令和五年四月一日

二　罰則に関する経過措置（第一二次一括法附則第五条関係）

第一二次一括法の施行前にした行為に対する罰則※の適用については、なお従前の例によるものとしたこと。

※地方自治法に関しては、改正前の同法第二六〇条の四〇第二号が該当。

第三　その他の事項

一　各市町村においては、管内の認可地縁団体への周知等が必要になるものと考えられること。

二　認可地縁団体に関する要綱、手引き等を定めている市町村においては、それらの改定等が必要になるものと考えられること。

【別添略】

◯地縁による団体の認可事務の状況等に関する調査結果（抄）

（総務省調べ
平成30年４月１日現在）

Ⅰ　調査対象

地方自治法第260条の２第１項に定める自治会、町内会等の町又は字の区域その他市町村内の一定の区域に住所を有する者の地縁に基づいて形成された団体（本調査において「地縁団体」という。）で、その区域の住民相互の連絡を行う等良好な地域社会の維持及び形成に資する地域的な共同活動を行うことを目的とするもの（婦人会、子供会、青年団等の団体は含まない。）のうち、同項の規定に基づき、地域的な共同活動のための不動産又は不動産に関する権利等を保有するために市町村長の認可を受けた「認可地縁団体」の状況について調査したものである。

Ⅱ　調査基準日

本調査の基準日は、原則として平成30年４月１日とする。

1　地縁団体の名称別総数の状況

今回の調査により、市町村（特別区を含む。以下同じ。）が把握した地縁団体の総数及び名称別内訳は、表１のとおりである（「参考資料　地縁団体の名称別総数一覧」参照）。

表１

（単位：団体、％）

区　分	自治会	町内会	町　会	部落会	区　会	区	その他	合　計
団体数 構成比	131,679 (44.4)	67,869 (22.9)	17,937 (6.0)	4,960 (1.7)	3,426 (1.2)	37,098 (12.5)	33,831 (11.4)	296,800 (100.0)

2　年度別認可地縁団体総数等の状況

(1)　年度別認可地縁団体数

地方自治法第260条の２第２項に定められた要件に該当する地縁団体の代表者が、市町村長に認可を申請し、市町村長はこの要件に該当していると認めるときは認可することとなり、また、同法第260条の２第14項により、認可地縁団体が所定の要件を欠くこととなった等の場合には、当該市町村長はその認可を取り消すことができることとされている。

平成25年度以降の各年度の末日時点における認可地縁団体の総数等は、表２のとおりである（「参考資料　表２　年度別認可地縁団体総数一覧」参照）。

表２

（単位：団体、％）

区　　分		平成25年度	平成26年度	平成27年度	平成28年度	平成29年度
認可地縁団体総数（対前年度増加率）		45,612（－）	47,065（3.2）	48,453（2.9）	48,734（2.6）	51,030（2.6）
	当該期間中の認可団体数	1,578	1,466	1,395	1,292	1,308
	当該期間中の認可取消団体数	11	13	7	11	12

（注）「認可地縁団体総数」とは、各年度の末日時点における認可地縁団体の総数である。

⑵　認可地縁団体所在市町村数

今回の調査は全ての市町村が対象となっており、このうち、認可地縁団体が所在する市町村数は以下のとおりである（「参考資料　表３　認可地縁団体所在市町村数一覧」参照）。

市　　町　　村　　総　　数　　　1,741団体（ａ）
認可地縁団体所在市町村総数　　　1,480団体（ｂ）
割　合　　（（ｂ）／（ａ））　　　85.0％

（注）「市町村総数」は、平成30年４月１日現在のものである。

３　目的別認可地縁団体数の状況

地方自治法第260条の２第２項第４号において、地縁団体が認可を申請する際には、当該地縁団体の目的等を掲げた規約を定めていることが必要があり、その目的には、良好な地域社会の維持及び形成に資する地域的な共同活動を行うことが求められている。

認可地縁団体を規約に定められた目的別に分類すると、表３のとおりである。

表３（複数回答あり）

（単位：団体、％）

区　　分	団体数（割　合）
住民相互の連絡（回覧版、会報の回付等）	6,197（88.0）
集会施設の維持管理	5,569（79.1）
区域の環境美化、清掃活動	5,987（85.1）

地縁による団体の認可事務の状況等に関する調査結果（抄）

道路、街路灯等の整備・修繕等	1,170（16.6）
防災、防火	3,006（42.7）
交通安全、防犯	2,418（34.4）
盆踊り、お祭り、敬老会、成人式等の行事開催	1,984（28.2）
スポーツ・レクリエーション活動	1,972（28.0）
文化レクリエーション活動	2,295（32.6）
慶弔	481（6.8）
独居老人訪問等社会福祉活動	935（13.3）
行政機関に対する要望、陳情等	945（13.4）
その他	2,080（29.5）

（注）「割合」は、認可地縁団体総数に対する割合である。

4　認可地縁団体の認可時における構成員数の規模別地縁団体数等の状況

地方自治第260条の2第2項第3号において、地縁団体の認可要件の一つとして「その区域に住所を有するすべての個人は、構成員となることができるものとし、その相当数の者が現に構成員となっていること」とされている。

認可地縁団体の認可時における構成員数の規模別認可地縁団体数及び加入率別内訳の状況は、表4のとおりである。

表4

（単位：団体）

区分	認可地縁団体数	加入率別内訳			
		50％未満	50～70％	70～90％	90～100％
50人未満	919	85	71	162	601
50人以上～100人未満	1,194	49	128	283	734
100人以上～300人未満	2,265	61	239	645	1,320
300人以上～500人未満	912	28	177	312	395
500人以上～1000人未満	945	36	237	358	314
1000人以上	692	26	229	266	171
合計	6,927	285	1,081	2,026	3,535

（注）「認可地縁団体数」は、平成25年4月1日から平成29年4月1日までの間に認可を受けた地縁団体の数である。
（注）「加入率」は、区域内の住民総数に対する認可地縁団体の認可時における構成員数の割合である。
（注）東日本大震災により認可当時の資料が滅失したため、規模及び加入率が不明である団体が3団体ある。

参考資料　地縁団体の名称別総数一覧

（単位：団体）

区　分	自治会	町内会	町　会	部落会	区　会	区	その他	合　計
北海道	3,236	10,154	686	192	156	444	830	15,698
青森県	446	2,057	774	104	2	19	164	3,566
岩手県	1,898	655	13	241	113	508	504	3,932
宮城県	976	1,652	32	148	150	1,166	519	4,643
秋田県	1,361	2,814	19	857	3	20	450	5,524
山形県	1,154	1,485	205	405	59	320	782	4,410
福島県	587	1,637	414	178	168	1,632	310	4,926
茨城県	2,694	3,556	192	2	825	2,235	3,917	13,421
栃木県	3,368	1	512	0	0	469	217	4,567
群馬県	659	747	97	106	3	1,286	1,396	4,294
埼玉県	4,422	324	711	0	19	1,406	337	7,219
千葉県	4,149	1,163	1,458	1	108	2,309	934	10,122
東京都	4,572	203	3,281	0	5	86	982	9,129
神奈川県	5,078	1,529	229	0	21	61	343	7,261
新潟県	3,064	2,914	9	21	69	1,056	1,781	8,914
富山県	1,885	2,180	0	17	64	311	179	4,636
石川県	9	1,518	1,733	0	9	735	23	4,027
福井県	1,827	205	0	0	15	1,430	357	3,834
山梨県	1,565	34	0	0	10	866	83	2,558
長野県	1,522	849	490	66	183	2,321	1,423	6,854
岐阜県	5,557	1,245	1	1	3	617	69	7,493
静岡県	2,801	2,341	1	1	6	996	62	6,208
愛知県	3,445	8,193	2	36	30	578	1,047	13,331
三重県	4,318	89	21	0	5	712	98	5,243
滋賀県	2,680	271	0	0	1	522	149	3,623
京都府	1,768	543	0	1	22	824	235	3,393
大阪府	5,565	133	5,930	1	17	207	428	12,281
兵庫県	8,005	880	30	0	2	915	897	10,729
奈良県	3,663	213	0	0	1	74	73	4,024
和歌山県	2,226	733	0	0	22	859	39	3,879
鳥取県	1,059	443	7	241	55	316	624	2,745
島根県	2,899	2,739	1	0	6	174	569	6,388
岡山県	2,315	4,131	1	107	82	488	4,247	11,371

広 島 県	2, 396	2, 754	0	6	4	774	1, 179	7, 113
山 口 県	6, 200	305	0	92	18	574	99	7, 288
徳 島 県	2, 495	1, 972	1	319	91	118	456	5, 452
香 川 県	6, 304	0	0	0	0	0	50	6, 354
愛 媛 県	3, 140	37	0	191	65	1, 464	1, 679	6, 576
高 知 県	1, 080	1, 619	0	1, 163	620	462	58	5, 002
福 岡 県	3, 097	1, 550	1, 059	0	93	2, 573	1, 832	10, 204
佐 賀 県	1, 090	22	0	59	6	786	600	2, 563
長 崎 県	2, 773	804	1	9	182	56	726	4, 551
熊 本 県	1, 704	320	1	145	45	2, 541	601	5, 357
大 分 県	2, 979	84	25	0	46	726	421	4, 281
宮 崎 県	1, 473	0	0	191	1	704	982	3, 351
鹿児島県	5, 452	771	1	39	21	128	992	7, 404
沖 縄 県	723	0	0	20	0	230	88	1, 061
合 計	131, 679	67, 869	17, 937	4, 960	3, 426	37, 098	33, 831	296, 800

自治会、町内会等法人化の手引　第4次改訂版

令和5年12月11日　第1刷発行

編　集　地縁団体研究会

発　行　株式会社ぎょうせい

〒136-8575　東京都江東区新木場1-18-11
URL：https://gyosei.jp

フリーコール　0120-953-431
ぎょうせい　お問い合わせ　検索　https://gyosei.jp/inquiry/

〈検印省略〉

印刷　ぎょうせいデジタル株式会社

ISBN978-4-324-11276-2
(5108873-00-000)
〔略号：自治会（4訂)〕